아프리카의 거인 나이지리아

역사, 문화 그리고 놀리우드 시네마

본 저서는 2020년도 영산대학교 교내연구비 지원으로 출판되었습니다.

아프리카의 거인 나이지리아

역사, 문화 그리고 놀리우드 시네마

변재길 지음

도서출판 동인

책머리에

2014년 2월 중순 어느 날을 잊지 못한다. 당시 2주간의 일정으로 나이지리아 수도 아부자Abuja를 처음 방문했다. 부산에서 출발하여 인천 그리고 태국 방콕과 에티오피아 아디스아바바를 경유하여 나이지리아의 연방 수도 아부자의 남디 아지키웨 국제공항에 도착하는 쉽지 않은 여정이었다. 사하라 이남의 2월은 비 한 방울 내리지 않는 전형적인 건기의 계절이다. 이맘때의 아부자는 북쪽 사하라 사막에서 불어오는 더운 모래 먼지 바람 때문인지 무척 덥고 건조하다. 하마탄Harmattan의 먼지에 가려 희뿌연 태양과 40도에 육박하는 건조한 날씨의 연속이다. 시끄럽고 무질서한 입국 절차와 세관 검문을 우여곡절 끝에 마치고 번잡한 공항 입국장 자동문을 벗어나 마침내 밖으로 나온 순간, 숨 막히는 더운 공기와 먼지에 가린 태양, 누군가를 기다리는 듯 무표정한 사람들의 무리와 그들의 시선, 숨 가쁘게 여행객의 짐을 수레로 실어 나르는 사람들, 낡을 대로 낡아 빛바랜 푸른색 작은 택시들의 행렬과 오가는 차량의 시끄러운 경적, 곳곳에 총을 든 삼엄한 무장 군인들의 충혈된 눈빛을 처음 본 그 순간을 잊지 못한다. 나이지리아와의 인연은 그렇게 시작되었다.

지난 7년간 나이지리아를 왕래하며, 길게는 1년, 짧게는 6주 동안 아부자에 체류하면서, 나이지리아를 보고 듣고 이해할 기회를 가질 수 있었다. 처음 본 아부자는 매우 인상적이었다. 어딜 가든 각자가 속한 지리적 풍습과 종족성 그리고 문화 정체성을 한눈에 드러내는 독특한 모자와 스카프 그리고 전통 복장 차림의 사람들과 행상들, 그리고 무언가에 열중하는 사람들로 넘친다. 한길 건너 마주보거나 나란히 자리잡은 모스크와 교회, 꽤 번잡하고 활기찬 전통 시장과 노점상, 한국의 대형 유통점에 버금가는 현대적 시설의 마트들과 거리 이곳저곳에 우후죽순 들어선 상가 건물과 식당들. 이들의 풍경은 기존의 고정 관념에 존재하던 아프리카와 나이지리아의 모습은 분명 아니었다.

나이지리아의 연방 수도 아부자는 지정학적으로 나이지리아의 정중앙인 이른바 미들벨트 지역에 있다. 종족과 종교, 경제와 정치와 맞물린 다양한 원인으로 촉발된 극심한 지역 간 반목과 갈등 및 내전의 상흔을 봉합하기 위해 오랜 시간 준비하여 1991년 12월 12일 마침내 단행된 수도 천도 이후, 아부자는 세계에서 가장 빠른 속도로 급성장을 거듭하고 있는 전형적인 계획도시 가운데 하나로 자리매김하고 있다. 지역 간 통합과 단결을 상징하기 위해, 국토의 정중앙이라는 지리적 위치에 자리한 채, 카라 · 카두나 · 니제르 · 플라토 · 나사라와 등의 주에서 각각 일정한 크기의 땅을 불하받아 조성된 연방 행정 수도 아부자는 어느덧 전국 각지에서 몰려든 다양한 출신의 사람들과 물자로 매일같이 붐비며, 이에 따라 도시의 모습도 하루가 다르게 그 면모를 일신하고 있다.

1960년 독립 후 쿠데타와 내전으로 점철된 오랜 군부 독재를 마침내 종식하고 민주 정부가 들어선 지 얼마 되지 않은 나이지리아는 2013년 12월부터 서아프리카를 덮치기 시작한 에볼라 바이러스 사태와 나이지리아 북부를 거점으로 준동하는 급진 이슬람 무장 세력, 그리고 전 세계적인 유가 하락으로 인한 환율 폭락 등으로 장기 불황의 고통을 감내하고 있다. 특히 보코하람 사태는 2015년 대통령 선거에도 큰 영향을 미쳐, 당시 야당 대통령 후보로 나선 무하마두 부하리Muhammadu Buhari는, 1980년대 초 쿠데타 전력이 있음에도 불구하고, 현직 대통령이던 굿럭 조너선Goodluck Jonathan을 누르고 대통령에 당선된 후, 2019년 대선에서는 야당 후보인 아티쿠 아부바카르를 누르고 재선에도 성공하여 오늘에 이른다. 국내외 좋지 않은 여러 환경 여건에도 불구하고 민주적인 정권 교체와 정세 안정을 유지하고 있는 것은 나이지리아의 민주주의에 대한 열망과 저력을 보여주는 방증이라 할 수 있을 것이다.

부하리 정부 출범 후 때마침 전 세계적인 유가 폭락 등으로 나이지리아의 환율은 급락을 거듭하며 한때는 미화 1달러에 500나이라를 기록하는 등 나이지리아는 나라 안팎으로 정치적 · 경제적 상황이 그다지 좋은 것은 아니다. 유가 하락이 촉발한 환율 급락으로 인해, 대체로 석유 수출에 의존하는 국가 재정 수입에도 빨간불이 켜지고, 환율 급락에 따른 물가 상승과 이에 따라 상대적인 저소득 상황에 서민들의 일상생활은 하루하루가 고통의 연속이다. 들쑥날쑥한 경제 상황과 높은 실업 그리고 저임금 속에서도 새벽같이 일어나 일터로 나가 고단한 일상을 하루하루 버터내고 성실하게 살아가는 서민들의 풍경은 무척이나 인상적이었다.

이 책은 총 다섯 개의 장으로 구성되어 있다. 우선 첫 두 장에서는 아프리카와 나이지리아에 대한 개황으로 구성되어 있다. 첫 번째 장은 최근 눈부신 경제 성장과 발전을 거두고 있는 아프리카의 위상과 잠재력을 소개하고 있으며, 두 번째 장에서는 1960년 독립 이후 성장과 부침을 거듭하면서도 아프리카 최대의 경제 대국으로 올라선 나이지리아의 전반적인 경제에 대한 개황이다. 세 번째 장은 나이지리아의 역사와 문화에 대한 장으로서, 나이지리아 독립 전후 및 연방 공화국 출범 이후를 소개한다. 네 번째 장에서는 제작 편수 기준으로 인도의 볼리우드Bollywood 다음으로 많은 편수의 영화를 제작하고 있는 나이지리아 놀리우드Nollywood 영화 산업의 시작과 기원 및 발전 과정과 놀리우드 영화의 주요 경향과 특징을 소개한다. 마지막 장은 놀리우드 영화로도 제작되어 세계적인 관심을 받은 바 있는 나이지리아의 신예 작가 치마만다 아디치에의 소설 『태양은 노랗게 타오른다』에 관한 글이다. 나이지리아를 대표하는 치누아 아체베의 문학적 계보를 잇는 아디치에의 소설은 나이지리아 독립 초기 혼돈의 시기와 비아프라 내전을 배경으로 한 명실상부한 나이지리아 역사의 축도라 할 수 있다. 본 장에서는 역사의 진실을 천착한 아디치에의 작품이 갖는 의미와 주제를 다루면서, 종족을 넘어 개인과 민중의 자유와 인권 침해로 인해 야기되는 갈등과 긴장 그리고 억압과 질곡의 삶을 독특한 서사 형식으로 풀어내고 있음을 다룬다. 나아가 나이지리아의 정치 · 역사 · 문화의 해석적 맥락에서 역사 서사와 다큐멘터리 방식을 활용한 독특한 장르적 특성과 캐릭터 활용을 통해 나이지리아가 안고 있는 정치적 사회적 역사적 문제를 드러내고, 이를 통해 정치 · 역사 · 문화가 일상의 삶에 미치는 영향에 대한 작가의 폭넓은 이해를 바탕으로 영국의 식민 통치와 나이지리아 독립 이후 잃어버린 사회 질서와 정의 회복 그리고 공동체 구현을 위한 미래의 희망을 어떻게 작품 속에 그려내고 있는지 살펴볼 것이다.

흔히 나이지리아를 대표하는 주요 종족과 언어는 하우사-풀라니, 이보, 요루바이다. 학교와 공공 행정 및 일반 비즈니스에서는 영어가 공식 언어로 사용되지만, 수백 개에 이르는 부족어가 일상적으로 쓰이는 나라이기도 하다. 이 때문에 각기 자기들만의 부족어가 있음에도 불구하고, 일찌감치 독립 시기부터 영어를 국가 공용어로 과감히 받아들이고 "단합과 신념, 평화와 전진"을 국가의 기치로 하여 화합하는 나라 또한 나이지리아의 진면목이기도 하다. 나이지리아의 화폐 단위는 1973년에 파운드화에서 나이라Naira로 바뀌었다. 나이라는 요르바 출신의 독립 운동가이자 민족 지도자였던 오바페미 아월로오Obafemi Awolowo가 국가명 나이지리아를 차용하여 새 화폐 명으로 이름 붙인 것이다. 나이지리아 사람들은 자신들의 나라를 나이자Naija로 부른다. 나이자는 새로운 나이지리아라는 뜻이다. 그만큼 나라가 새롭고 위대하기를 바라는 애국적 열망이 크다. 최근 나이지리아가 맹주로 있는 서아프리카 경제 공동체ECOWAS의 15개 회원 국가는 오는 2027년 단일 화폐 경제권 도입을 통해 새로운 도약을 꿈꾸고 있다.

본서는 이와 같은 나이지리아에 대한 작은 관심에서 출발하였으며, 나이지리이의 역사와 문화 그리고 놀리우드 시네마에 관한 전반적인 소개뿐만 아니라 최근 세계적인 관심을 받는 나이지리아 소설가 치마만다 아디치에의 작품을 통해 나이지리아 문학과 예술의 일면을 이해하는 기회가 될 것이다.

‖ 싣는 순서 ‖

책머리에 — 5

1. **역동의 대륙 아프리카의 성장과 발전** — 13

2. **나이지리아의 성장과 발전** — 43

3. **나이지리아의 역사와 문화** — 61

4. **놀리우드 시네마** — 109
   나이지리아 영화 산업의 어제와 오늘

5. **역사, 문학 그리고 놀리우드 시네마** — 169
   치마만다 아디치에의 『태양은 노랗게 타오른다』

참고문헌 — 203
찾아보기 — 217

1

역동의 대륙 아프리카의 성장과 발전

역동의 대륙 아프리카

아프리카는 극히 다양한 면을 가지고 있는 역동적인 대륙이다. 우선 아프리카는 여러 면에서 크다고 할 수 있다. 일단 지리적으로 세계에서 아시아 다음으로 광활한 대륙이다. 총면적은 3천만 km^2에 달하고, 인구수는 12억 명(2016년 기준)에 이른다. 실제 아프리카 대륙이 얼마나 넓은지는 아래 카이 크라우스의 그래픽을 통해 실감할 수 있다. 그래픽을 보면 아프리카는 중국과 미국, 인도, 프랑스, 독일, 스페인, 이탈리아에 더하여 동유럽을 합친 것보다 더 큰 것을 알 수 있다(Krause 2010).

아프리카의 실제 크기 (출처: Krause 2010)

남북으로 아프리카는 가장 북쪽 끝에 있는 튀니지의 라스 벤 사카Ras ben Sakka에서 가장 남쪽 끝인 남아공의 케이프 아굴하스Cape Agulhas까지 종단 직선거리는 약 8,000km에 달한다. 동서로는 서쪽의 세네갈 케이프 베르데Cape Verde 반도에서 동쪽의 소말리아의 라스 하푼Ras Hafun까지 횡단 직선거리는 약 7,400km에 달한다.

흔히 아프리카는 경제 공동체를 기준으로 여러 권역으로 구분할 수 있다. 우선 사하라 사막을 기준으로 사하라 이북의 북부 아프리카와 중동을 한데 묶은 MENA(Middle East and North Africa) 지역과 사하라 이남 아프리카 지역으로 크게 나뉜다. 여기서 아프리카 대륙만을 구분하자면, 대체로 북부 아프리카에는 아랍 민족과 아랍 문화권으로서 중동지역과 인종과 종교적으로 공통점을 가진 알제리, 이집트, 리비아, 모로코, 모리타니아, 튀니지 등이 속해 있다. 에티오피아 고원을 사이에 둔 동부 아프리카에는 에티오피아, 수단, 소말리아, 케냐, 탄자니아, 우간다, 르완다 등의 국가가 있다.

남북으로 적도를 중심으로 남북 위도 20도 내외 인접 국가들로 대서양(서쪽)과 인도양(동쪽)에 이르는 지역을 포괄하는 중부 아프리카는 카메룬, 차드, DR 콩고, 가봉 등이 있다. 차드 호수의 서부 지역을 포괄하는 서부 아프리카에는 세네갈, 부르키나파소, 가나, 베냉, 말리, 나이지리아, 라이베리아, 시에라리온, 니제르 등의 국가가 속해 있다. 그리고 남부 아프리카는 남아공, 앙골라, 모잠비크, 보츠와나, 잠비아, 짐바브웨 등의 국가가 포진해 있다.

흔히 아프리카는 과거의 식민 유산을 토대로 대략 한때 영국의 식민 지배를 경험한 영어권 아프리카와 프랑스의 식민 지배를 경험한 프랑스어권 아프리카(대체로 서아프리카) 등으로 구분하기도 한다. 영어권 아프리카에는 서아프리카의 시에라리온, 가나 및 나이지리아, 동아프리카의 수단, 에티오피아, 케냐, 탄자니아, 그리고 아프리카 남부의 잠비아, 보츠와나, 남아공 그리고 짐바브웨 등을 대표적으로 거론할 수 있다. 프랑스어권 아프리카 국가에는 아프리카 서부의 말리, 세네갈, 코트디부아르, 베냉, 토고, 부르키나파소, 니제르 등의 국가와 중부 아프리카의 카메룬, 차드, 콩고, 가봉, 적도 기니, 그리고 동부 아프리카의 르완다, 부룬디, 마다가스카르 등의 국가를 들 수 있다.

대륙을 넘어 국가적 관점에서도 아프리카는 54개 국가로 이루어져 있다. 국가별 제국주의 시대의 식민 유산과 이슬람 문화 그리고 각 지역의 토착 문화를 토대로 아랍어, 영어, 프랑스어, 포르투갈어, 스페인어, 스와힐리어 등 6개의 공용 언어 이외에도 주요 토착 고유 언어를 해당 국가의 공식어로 채택하고 있다. 종교적으로도 아프리카는 기독교, 이슬람교, 유대교, 힌두교 이외에 수없이 많은 다양한 토착 종교를 가지고 있다. 따라서 아프리카의 지역과 문화, 종교, 언어, 그리고 국가적 다양성을 이해하지 못하고 아프리카를 단일한 전체로 파악하는 것은 극히 위험할 수 있다.

아프리카 최대의 경제국인 나이지리아를 예로 들자면 하우사어, 이보어, 요루바어 등의 주요 종족 언어를 포함하여 공식적으로는 200개 이상, 비공식적으로는 500개 이상의 다양한 토착어가 사용되고 있는 것으로 추정된다. 종교적으로도 나이지리아 북부 이슬람권의 하우사족과 풀라니족, 남부 기독교권에서는 요루바족과 이보족 등으로 대체로 구분할 수 있지만, 각 세부 지역별로도 수많은 토착 종교와 언어 및 고유문화를 유지하고 있다. 이 때문에 나이지리아는 제반 분야에서 지역과 종족 간의 원활한 소통과 국가 운영을 위해서라도 과거 식민지 언어인 영어가 공용어로 교육, 행정 및 일상에서 자리 잡고 있다. 국가의 체제 유지와 번영과 발전을 위한 국가이념으로써 통합unity과 평화peace를 위해 영어English Studies를 모든 학교 교육에서 필수 과목으로 채택하여 가르치고 있을 뿐만 아니라 모든 분야의 교육도 영어로 실시하고 있다.

아프리카는 대단한 도전과 기회의 대륙이자 야망의 대륙이기도 하다. 과거 아프리카는 절망의 대륙이었다. 특히 사하라 이남 아프리카는 지금도 여전히 세계에서 매우 빈곤하고 경제적 불평등이 심한 지역 가운데 하나로 남아있다. 1960년 아프리카에 불기 시작한 독립 열풍 이후로도 아프리카는 종족 간 갈등과 내전, 부패와 독재 그리고 착취와 가난의 질곡을 벗어나지 못했다. 그러다 지난 1975~1985년의 경제적 붕괴 시기와 1985~1995년의 정체기를 빠져나온 뒤, 비교적 정세가 안정된 1995~2005년 시기에는 과거의 궤적과는 전혀 다른 성장을 달성하면서 30년 만에 처음으로 국제 사회와 동반 성장률을 기록한 바 있다.

이러한 아프리카의 성장은 특히 2005~2006년 평균 경제 성장률이 5.4%에 달하는 사하라 이남 아프리카 국가들의 급속한 경제 성장세에서 비롯된 것이다. 특히 국제 유가 및 원자재 가격 상승과 경제 부문에 대한 구조 개혁, 선진국의 부채 탕감 및 원조 확대에 힘입은 바 크지만, 이러한 아프리카의 성장과 발전은 최근까지도 지속하고 있는 추세이다(박태준, 14).

한때 미국의 오프라 윈프리는 30억 달러 이상의 재산으로 미국에서 가장 부유한 아프리카계 미국 여성이자 남녀 통틀어 세계에서 가장 부유한 아프리카계 인사였다. 그러나 이제 더 이상 그녀는 세계에서 가장 부유한 아프리카계 인사가 아니다. 그 명예는 100억 달러 이상의 자산을 보유한 것으로 알려진 나이지리아 출신의 시멘트 왕 알리코 단고테Aliko Dangote에게 돌아간다. 단고테 그룹은 알리코 단고테가 삼촌에게서 빌린 단돈 3천 달러로 1977년 설탕 등을 수입하는 작은 무역 회사로 시작했지만, 지금은 시멘트와 정유 등의 중공업과 물류 그리고 건설 등의 사업 분야를 아우르는 아프리카 최대의 기업 집단으로 성장했다.

아프리카 경제 블록 공동체

현재 아프리카에는 크고 작은 5개 정도의 경제 블록 공동체가 형성되어 아프리카 경제를 이끌고 있다. 북아프리카 지역을 대표하는 경제 공동체는 아랍 마그레브 연합(UMA, Arab Maghreb Union)이 있다. 서아프리카에는 역내 관세 철폐, 역내 자본과 노동력 그리고 서비스 이동의 자유화 등을 목적으로 1975년 서아프리카 15개국으로 구성된 서아프리카 경제 공동체(ECOWAS, the Economic Community of West African States)가 있다. 동남 아프리카에는 1994년 설립된 동남 아프리카 공동 시장(COMESA, The Common Market for Eastern and Southern Africa)이 있다. 동남 아프리카 지역의 안보, 질서, 평화를 실현하고 회원국 간 무역 특혜 협정(PTA)을 확대하여 경제를 통합하자는 취지에서 앙골라, 에티오피아, 케냐, 모잠비크, 탄자니아 등의 역내 국가가 가입되어 있다. COMESA는 1981년부터 시작된 동남부 아프리카 특혜 관세 지역(PTA)의 후신으로 총 21개국이 1994년 정식으로 협정을 체결하여 인구 규모 2억 5천만 명의 거대 시장을 형성하고 있다. 2000년에는 이들 국가 가운데 이집트, 케냐, 모리셔스, 잠비아, 마다가스카르 등 9개국이 공동 시장 내에 무관세 자유 무역 지대를 창설하여 이들 국가 사이의 관세는 2000년부터 전면 철폐되었다.

그러나 회원국 간에 경제 규모와 산업 발전의 수준에 커다란 격차가 있어 응집력 있는 경제 공동체로 발전하는 데는 많은 어려움이 예상되나, 동 자유 무역 지대의 출범을 통해 2025년까지 완전한 지역 통합과 단일 통화 공동체로 발전해나가는 데 가시적인 진전이 있을 것으로 평가된 바 있다(박영호, 7). 이밖에 동아프리카 공동체the East African Community, 남아프리카 지역의 남아프리카 개발 공동체the Southern African Development Community, 그리고 중앙아프리카 경제 공동체the Economic Community of Central African States 등이 있다.

마그레브 연합은 1989년에 설립된 북아프리카 지중해 연안 5개국(알제리, 리비아, 모로코, 튀니지, 모리타니)의 지역 협력체이다. 마그레브 연합은 모로코 라바트에 본부를 두고 있다. 지역 내 정치·경제 현안에 관한 회원국 간 협력 및 우호 관계를 증진하고 상호 이익을 위한 공동 정책을 수립하고, 나아가 회원국 간 경제적 인적 자원 교유 활성화를 목적으로 결성되었다. 마그레브Maghreb는 원래 아랍어로 해가 지는 서쪽을 뜻하지만, 모로코·알제리·튀니지·모리타니·리비아 등 프랑스어권 북아프리카 지역을 일컫는 말로도 쓰이고 있다. 마그레브 지역은 고대 로마 제국에서부터 중세 이슬람 제국과 근대 프랑스 식민 통치에 이르기까지 지중해 유럽 문화와 이슬람 문명의 영향을 강하게 받아왔다. 프랑스는 이들 나라 가운데에서도 튀니지, 알제리, 모로코의 최대 교역국으로 자리매김하고 있다(조일준 2012). 자원 보유국이기도 한 이들 북아프리카 국가는 1989년 아랍 마그레브 연합을 결성하기에 이른다. 특히 2000년대 접어들어 유럽의 공장으로 불리던 동유럽이 금융위기 등으로 흔들리자, 이들 북아프리카 국가는 비교적 우수한 노동력과 임금 가격 그리고 유럽과의 입지 여건 등으로 자동차·항공·전자·통신 등 첨단 산업 공장을 유치하면서 새로운 유럽의 공장으로 주목받기 시작했다. 최근에는 유럽, 중동, 아프리카의 43개 국가와 이른바 지중해 연합을 결성하는 등 국제 무대의 주요 거점으로 자리 잡기에 이른다(김재영 2009).

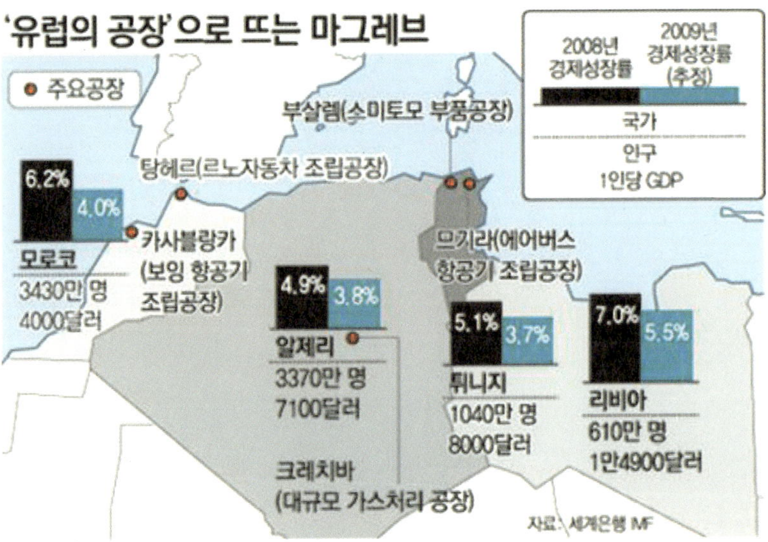

마그레브 주요 국가 현황 (출처: 동아일보 2009.9.22,
URL: http://news.donga.com/List/Economyhttp/3/all/20090321/8710317/1)

마그레브 연합 회원국들 밑으로 사하라 이남에는 1975년 결성된 서아프리카 경제 공동체(ECOWAS)가 자리 잡고 있다. ECOWAS는 유럽 연합EU 수준의 경제 통합을 목표로 나이지리아, 가나, 세네갈 등 서아프리카 15개국으로 구성된 경제 공동체이다. 서아프리카 최대의 경제 국가인 나이지리아의 수도 아부자에 본부를 두고 있으며, 2017년 6월에는 기존 마그레브 연합 회원국인 북아프리카의 모로코를 ECOWAS의 신규 회원국으로 받아들이기도 하였다(*BBC* 2017).

서아프리카 경제 공동체는 2014년 유럽 연합과 경제 동반자 협정(EPA, Economic Partnership Agreement) 타결에 성공한다. 가장 최근에 체결된 이 경제 동반자 협정에 따라 역내 15개 국가는 장기적으로 관세나 쿼터에 구애받지 않고 유럽 연합 시장에 접근할 수 있는 계기를 만들게 되었다. 특히 EU 개발 위원회는 2014~2020년 동안 64억 유로의 지원을 통해 서아프리카의 경제 개발과 통합을 도모하고 역내 3억 인구의 일자리 창출과 경제성장을 촉진할 투자 지원을 모색하기로 결정한다(*EU Reporter* 2013).

기존 유럽 공동체 국가들과 46개 아프리카, 카리브해 및 태평양 국가들 사이에 1975년 2월 아프리카 토고의 수도 로메에서 체결된 이른바 로메 협정Lome Convention에 따르면 77개 아프리카 카리브해 태평양 공동체(ACP) 국가는 유럽 연합으로부터 관세 특혜를 비롯한 통상 무역에 있어서 특혜 관계를 맺고 있었다. 특히 서아프리카는 유럽 연합과의 교역량의 40%를 차지하고 있던 가운데, 코트디부아르・가나・나이지리아 3개 국가는 서아프리카의 대 유럽 연합 전체 수출액의 80%를 차지하고 있는 등 상당한 무역 비중을 점하고 있었다. 이런 상황을 고려해 볼 때,

서아프리카와 유럽 연합 사이에 타결된 경제 동반자 협정은 이들 대륙 간 경제 무역 협력 및 결속을 강화하는 한편, 반대급부로서 유럽 공산품의 서아프리카 시장 진입 속도에 박차를 가하는 계기가 될 것으로 전망되고 있다(*BBC* 2017a).

아프리카의 경제 성장

국제 통화 기금(IMF)은 아프리카는 2020년까지 세계에서 두 번째로 빠른 경제 성장률을 기록할 것으로 전망했다. 특히 맥킨지 글로벌 연구소는 아프리카의 제조업의 경우 2016년 현재 전체 매출액 규모가 5천억 달러 수준에서 2025년 9천 3백억 달러 수준으로 성장할 것으로 내다봤다(McKinsey 2016, viii).

시사 주간지 『이코노미스트』는 2011년 특집 기사에서 서아프리카의 가나에서부터 남쪽의 모잠비크에 이르기까지 아프리카의 경제는 세계 어느 지역보다 빠르게 성장하고 있으며, 최소한 대륙 내 12개 국가는 6년 넘게 연평균 6% 이상의 경제 성장을 기록하고 있다고 분석한 바 있다. 기사는 특히 석유 한 방울 나지 않는 에티오피아도 한때는 최악의 가뭄과 기아에 시달렸지만, 이제는 세계 10대 축산물 생산국으로 성장하면서 평균 7.5%의 고성장을 거두었다는 점에 주목했다(*The Economist* 2011).

아프리카의 실질 국내 총생산(GDP)은 2010년에서 2015년 사이에 연평균 3.3% 성장하여 2000년에서 2010년 사이의 5.4%보다 현저히 낮아진 것은 사실이다. 그러나 이 수치는 2011년 북아프리카 국가에서 불기 시작한 아랍의 봄 민주화 운동으로 인해 북아프리카 국가와 아프리카 석유 수출국의 경제 성장세 둔화 때문이었다. 우선 민주화 운동이 일어난 이집트 · 리비아 · 튀니지와 같은 아랍권 북아프리카 국가들의 경우, 2000년부터 2010년까지 연평균 4.8%의 경제 성장률을 기록하였으나 이후 2015년까지 5년간 실질 성장률은 이집트의 경우 2.5%, 튀니지는 1.5% 그리고 리비아는 사실상 제로에 머물렀다.

알제리, 앙골라, 나이지리아 그리고 수단과 같은 아프리카 역내 석유 수출국들도 2010년 이전 10년간은 7.3%의 고성장을 기록하였으나 2010년부터 2015년 사이에는 4%의 성장에 머물렀다. 이에 비해 나머지 아프리카 국가들은 2010년 이전의 10년간 4.1%의 성장을 기록하였으나 2010년부터 5년간은 4.4%의 성장을 기록하였다. 따라서 북아프리카에 불어닥친 아랍의 봄을 고려하더라도, 아프리카의 경제는 침체한 것이 아니라 오히려 그동안 계속 성장해왔음을 알 수 있다(McKinsey 2016, 2).

맥킨지 글로벌 연구소는 2010~2015년의 기간 사이 이들 국가 경제 성장이 갖는 특성을 다음과 같이 세 가지 국가군으로 요약한 바 있다. 첫째는 2015년 동기간 내 전 세계 평균 경제 성장률 2.9%보다 높은 연평균 5.8%의 GDP 성장을 기록한 비교적 안정적인 성장을 이룬 국가군으로, 보츠와나 · 코트디부아르 · 에티오피아 · 케냐 · 모리셔스 · 모로코 · 르완다 · 세네갈 · 탄자니아 그리고 우간다 등이 여기에 속한다. 이들 국가는 아프리카 대륙 전체 GDP의 19% 정도를 차지하면서, 비록 국가별 경제 규모는 작지만 경제 성장의 동인을 오로지 자원에만 의존하지 않고, 개혁과 경쟁력 회복을 통해 경제를 발전시킨 국가라는 공통점이 있다.

둘째는 취약 성장 국가군이다. 이들 국가는 지난 5년간 연평균 5.1%의 GDP 성장을 기록했지만, 경제가 지나치게 자원에 의존하는 관계로 안정성 측면에서 여러 외부 요인에 비교적 취약한 수준을 보이는 국가군이다. 여기에는 나이지리아 · 앙골라 · 잠비아 · 콩고민주공화국 등이 있으며, 이들 국가는 2015년 기준 아프리카 전체 GDP의 35% 정도를 담당하고 있음에도 불구하고, 향후 보다 안정된 경제 발전을 추구하기 위해서는 안전, 거버넌스 거시 경제 안정 등을 시급히 개선해야 할 과제를 안고 있다.

마지막으로 성장 정체 국가군이다. 이들 국가군은 2015년 전체 아프리카 GDP 가운데 46%를 차지하고 있으며, 2010~2015년 사이에 연평균 1.3% 성장에 그쳤는데, 이는 전 세계 평균 성장률 2.9%에 못 미치는 수준이다. 이들 국가군에는 리비아, 이집트, 튀니지 등 이른바 아랍의 봄을 겪은 나라들과 성장 정체 및 극심한 실업난에 시달린 남아공 등이 속해 있다(McKinsey 2016, 4).

국가 거버넌스와 경제 발전

오랫동안 아프리카는 군사 독재와 부패 그리고 테러리즘의 온상이었다. 지금도 아프리카는 여전히 지역별로 심각한 테러와 위협에 시달리고 있다. 최근 10년 동안 소말리아에서 말리, 나이지리아에서 모잠비크에 이르기까지 민간인을 대상으로 하는 테러 행위는 끊이지 않고 있다. 나이지리아의 경우 과거 북동부에 집중되었던 보코하람Boko Haram의 위세가 한풀 꺾였음에도 불구하고, 최근 연방 수도 인근 니제르주 마을을 공격하여 점령하는 등, 지금도 여전히 수도 아부자의 보안을 위협하는 수준을 유지하고 있다(Michael 2021). 통계에 따르면 2015년 기준 아프리카 내 민간인 대상 테러 발생 건수는 381건에 1,394명의 사망자를 기록한 이후, 그 수치는 해마다 증가하여 2020년 한 해에만 7,108건의 테러 발생과 12,519명의 사망자를 기록한 것으로 나타났다(Mroszczyk & Abrahms 2021).

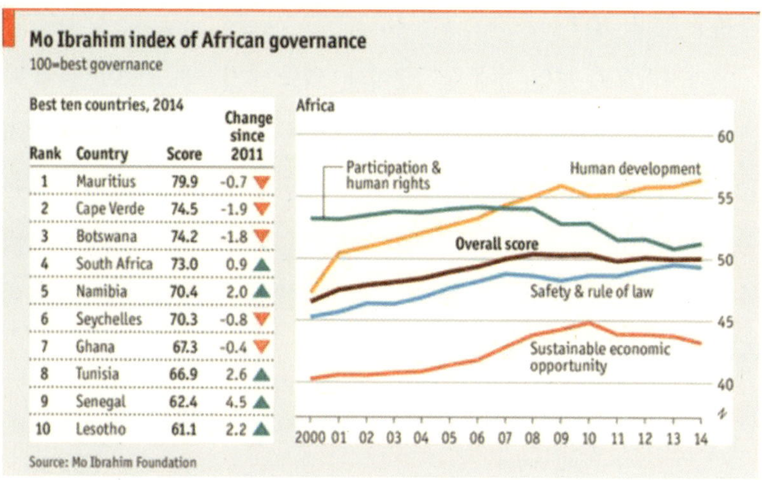

모 이브라힘 아프리카 거버넌스 지수 (출처: 모 이브라힘 재단 2014, URL: https://www.economist.com/graphic-detail/2015/10/05/the-ibrahim-index-of-african-governance)

그럼에도 불구하고, 아프리카는 과거 어느 때보다 정치적 · 국지적 안정을 보여주고 있다. 일부 지역을 제외하고 대부분 국가는 정치적 · 경제적으로 성장을 거듭하고 있다. 특히 아프리카 국가의 거버넌스는 과거와 비교해 볼 때 획기적인 변화를 보여주고 있다. 물론 인권과 지속 가능한 경제 부문에서 거버넌스 지표는 약간 주춤하고 있지만, 과거와 비교하여서 인간 개발 지수(HDI)를 포함한 전반적인 지표는 꾸준히 상승일로를 타고 있음을 알 수 있다(*The Economist* 2015). 나라별로 갈수록 정치가 안정되고 있고, 비록 완전하지는 않더라도 대체로 민간 정부가 들어서면서 어느 정도 민주주의가 정착됨에 따라 아프리카 경제가 살아나기 시작했다.

이를 반영하듯, 2007년부터 2011년까지 아프리카에 대한 외국인 직접 투자 상황을 보면 해당 기간 거의 20% 이상 증가하기도 했다(Ernst & Young 2012). 남아공, 이집트, 모로코, 알제리, 튀니지, 나이지리아를 비롯한 상위 15개 주요 아프리카 국가의 경우 해외 투자 자금 유치 경쟁이 매우 뜨겁다. 실제로 2003년 이후 최근까지 아프리카에 대해 이루어진 전체 신규 외국인 투자 유치 가운데 82%가 이들 국가에 집중되기도 하였다(Ernst & Young 2012).

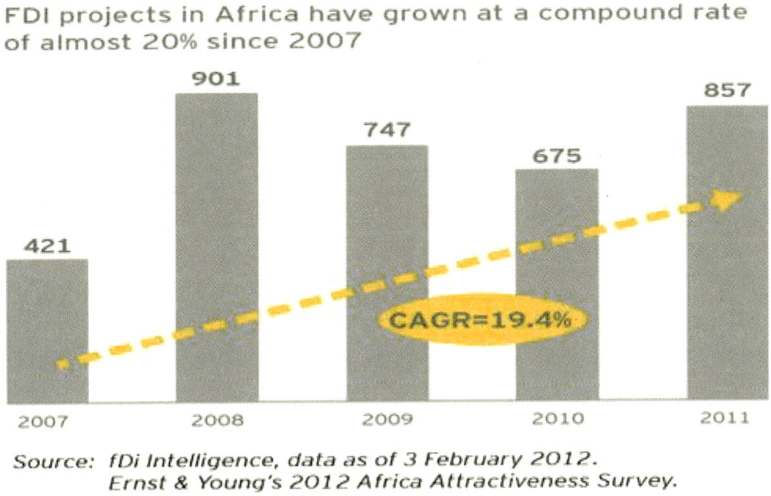

2007년 이후 외국인 직접 투자 증가율 (출처: Ernst & Young 2012, 6)

2013년 기준 아프리카에는 연 매출 10억 달러 이상의 기업의 수가 약 150개 정도 있고, 1억 달러 정도의 매출을 기록하고 있는 기업의 수는 500개 정도가 있는 것으로 파악되고 있다(Berman, 3). 그러나 2016년도 맥킨지 글로벌 연구소의 보고에 따르면, 연 매출 10억 달러 이상의 기업의 수는 400개이고 연간 매출 5억 달러 이상의 기업 수는 700개 정도로 해마다 그 수가 증가하고 있는 것으로 나타난다(McKinsey 2016, 1).

아프리카는 석유를 비롯한 풍부한 지하자원을 바탕으로 한 광업에서부터 휴대폰으로 대표되는 정보 통신 사업에 이르기까지 거대한 비즈니스 산업과 엄청난 경제 성장 잠재력을 지니고 있다. 아프리카 전체의 국내 총생산(GDP) 증가 추이를 보면 지난 2001년에서 2008년 사이에 1조 1,080억 달러에서 1조 5,610억 달러로 증가한 것을 알 수 있다. 아프리카의 경제 성장률의 경우, 2003년 8.1%를 정점으로 2013년까지 매년 평균 4.9%의 성장률을 보여주고 있으며 이는 세계 평균을 두 배 가까이 뛰어넘는 수치로서 신흥 아시아 시장 다음으로 높은 성장률임은 주목할 만하다(Leke, et. al. 2014).

2000년대 아프리카의 성장 동인의 일부는 풍부한 자원을 바탕으로 세계 수요 증가로 인해 광물, 곡물 및 기타 원자재 가격이 급등했을 때, 이에 따른 반사 이익에 따른 것이다. 특히 오일의 경우, 1999년에 배럴당 20달러 미만에서 2008년에는 145달러 이상으로 증가한 바 있다. 그러나 이것은 아프리카가 보여주는 광범위한 성장세 일부만을 설명할 뿐이다. 맥킨지에 따르면, 천연자원과 관련 정부 지출은 2000년에서 2008년까지 아프리카 GDP 성장률의 32%에 불과하며, 나머지 3분의 2는 도소매·운송·통신·제조 등 다른 분야에서 나온 것이다(Leke, et. al. 2010).

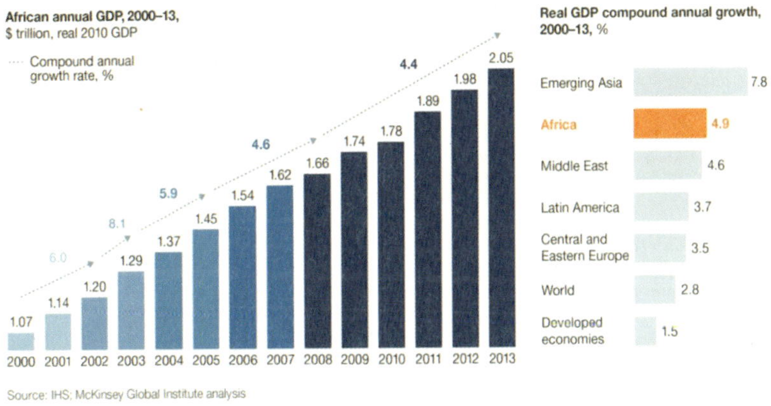

아프리카 연간 GDP 상승률(2000~2013) (출처: Leke, et. al. 2014, 2)

아프리카는 그동안 석유와 광물 그리고 농산물과 같은 자원 산업이 주 경제 성장 동력이었다. 실제로 아프리카는 전 세계 이용 가능한 경작지 60%를 보유하고 있으며 세계 최대의 바나듐, 망간, 다이아몬드, 백금, 코발트, 알루미늄, 크롬 등 자원의 보고이다. 아프리카는 전 세계 석유와 가스 수출의 10%, 구리 수출의 9%, 철광석 수출의 5%를 차지하고 있다. 최근 낮은 시세에도 불구하고 아프리카산 천연자원은 계속해서 상당한 가격 경쟁력을 유지하고 있어서, 향후 가격이 회복될 경우 아프리카의 자원 분야는 매우 유리한 위치에 놓이게 될 것이다. 이러한 기회를 잡는 것은 상당한 도전이 될 것이다. 정부는 열악한 투자 환경을 매력적으로 개선할 필요가 있으며, 기업은 규제 당국의 운영 허가 취득 및 지역 사회에 대해 지원을 할 수 있도록 지역 사회 참여에 대한 접근을 검토해야 한다. 그러나 2000년 이후부터 농업, 제조업, 건축업, 특히 서비스업을 포함한 다른 경제 분야에서 GDP 기여도가 높아졌다. 아프리카의 GDP가 2002~2012년에 3배가 되는 동안 천연자원은 GDP의 평균 20% 이하의 기여도를 보이는 반면, 서비스업의 기여도는 60%까지 증가하였다(윤구 2013).

이와 같은 경제 성장은 아프리카 대륙 전반에 걸친 것이다. 특히 30개 주요국 가운데 27개국에서 가속화하였다. 실제로 상당한 규모의 자원 수출이 있든 없든 간에 상관없이 비슷한 GDP 성장률을 보였다. 아프리카의 성장은 아래의 도표에서 볼 수 있는 것처럼, 자원에서부터 관광, 부동산, 건설에 이르기까지 전 분야에 걸쳐 현재 진행형이라 할 수 있다.

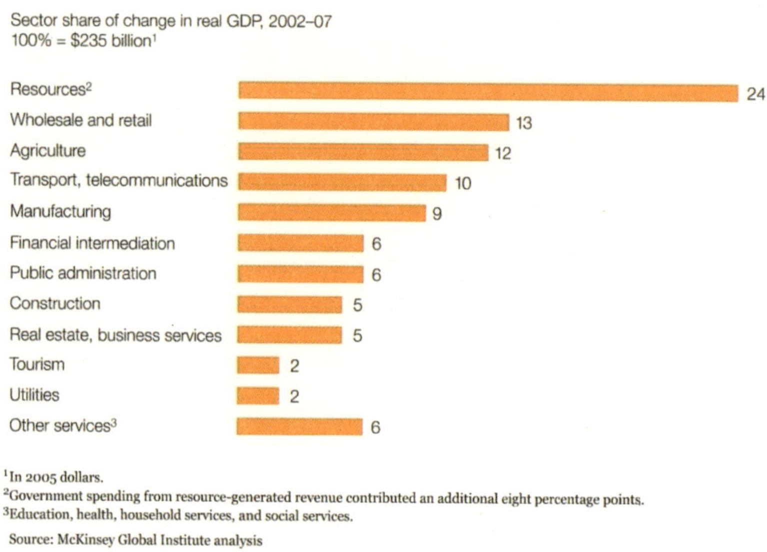

분야별 GDP 기여도(2002~2007) (출처: Leke, et. al. 2010)

맥킨지 글로벌 연구소는 군사 갈등을 종식하려는 각국 정부의 노력, 거시 경제 상황의 호전, 양질의 비즈니스 환경을 조성하려는 미시 경제적 개혁 수행 등을 아프리카 성장의 핵심 원동력으로 요약한 바 있다. 이에 따르면, 우선 여러 아프리카 국가 간 치명적인 적대 행위가 중단되고 경제 성장에 필요한 정치적 안정성이 창출되었다는 점이 주목할 만하다. 1990년대의 평균 물가 상승률이 1990년대 22%에서 2000년 이후 8%로 낮아지면서 아프리카 경제 건전성은 더욱 좋아졌다는 것이다(Leke, et. al. 2010). 특히, 외채는 1/4로 줄어들고 재정 적자는 2/3가량 줄어든 점이 아프리카 성장을 주도한 주요 요인으로 볼 수 있다는 것이다.

또한, 각국의 정부가 시장에 활력을 불어넣는 정책을 채택했다는 점은 의미가 있다. 국영 기업을 사유화하고 무역 개방성을 높이며 법인세를 낮추고 규제 및 법률 시스템을 강화하며 중요한 물리적 및 사회적 인프라를 제공한 것은 국가별 경제 발전에 주춧돌 역할을 했기 때문이다. 나이지리아의 경우 1999년부터 2006년까지 116개 이상의 기업을 민영화했으며 모로코와 이집트는 주요 수출 파트너와 자유 무역 협정을 체결했다. 정부의 많은 정책이 갈 길이 멀지만 이러한 중요한 첫걸음은 민간 부문이 출현하는 것을 가능하게 한 것이다(Leke, et. al. 2010). 이러한 구조적 변화는 함께 기업이 더 큰 규모의 경제를 달성하고, 투자를 늘리고, 경쟁력을 높일 수 있도록 도움으로써 아프리카의 생산성 혁명을 가속할 수 있었다. 1980년대와 1990년대를 거치면서 대륙의 생산성은 2000년에 다시 증가하기 시작하여 그해에 평균 2.7%가 증가했기 때문이다.

아프리카의 발전과 도시화

영국의 공영 방송 BBC는 2050년 아프리카의 인구가 현재의 두 배로 증가하여 총인구수가 25억에 달할 것으로 전망한 바 있다. 특히 나이지리아의 경제 수도 라고스Lagos의 인구는 현재의 세 배로 폭증할 것으로 예상했다(*BBC* 2017b). BBC는 케냐 · 니제르 · 에티오피아 그리고 나이지리아를 차례로 취재하면서, 특히 나이지리아의 경우 앞으로 30년 내 세계에서 세 번째로 큰 인구 대국으로 성장할 것으로 예상하면서 많은 농촌 인구가 아프리카 최대의 경제 도시 가운데 하나인 라고스로 집중적으로 유입될 것으로 전망했다. 이와 같은 급속한 도시 발전은 아프리카 소비 경제 산업 성장의 기회가 되면서, 점차 많은 아프리카인이 세계 시장의 소비 계층의 일원으로 진입하는 데 일조하고 있다. 나이지리아의 경우 2025년까지 아프리카 전체 소비 경제의 20% 이상을 점할 것으로 예상한다(McKinsey 2016, 10).

2000년에 아프리카 인구 가운데 대략 5900만 가구 정도가 5,000달러 이상의 소득 수준인 것으로 나타났으며, 특히 이들은 소득의 절반을 비식료품 분야에 지출하기 시작했다. 2014년 5,000달러 이상의 소득을 올리는 가구수는 1억 600만 명에 이를 것으로 추정되며, 소득 2만 달러 이상의 중산층 가구수는 이미 인도를 넘어섰다. 아프리카의 소비 증가는 현지 내수 공산품 수요를 창출할 것이며, 이것은 내수 성장의 선순환을 창출할 것으로 기대된다.

아프리카의 성장세는 이처럼 세계에서 가장 빠른 속도로 진행되고 있는 도시화에서 잘 찾아볼 수 있다. 맥킨지 글로벌 연구소는 향후 10

년간 1억 8천 7백만 명의 인구가 추가로 도시로 유입될 것으로 전망하고 있다. 이러한 수치는 아프리카 최대 도시 가운데 하나인 이집트 카이로시 인구의 열 배에 해당하는 엄청난 규모이다. 실제로 아프리카는 중국만큼 도시화해가고 있다고 볼 수 있다. 인구 백만 이상의 도시 숫자는 유럽의 규모와 비슷할 정도로 급속히 성장하고 있기 때문이다. 이처럼 세계 어떤 지역보다 빠르게 아프리카 역내 도시화가 진행되면서, 2045년까지 매년 2천 4백만 명의 인구가 도시로 유입될 것으로 예상한다. 이 수치는 천백만 명의 인도와 9백만 명의 중국의 예상 수치와 비교해 볼 때 대단히 빠른 도시화 속도라 할 수 있다(McKinsey 2016, 36).

이와 같은 아프리카 국가 내 급속한 도시 발전과 성장이 도시 내 슬럼 공동화 등의 일부 심각한 문제를 일으키고 있음에도 불구하고, 도시 발전과 성장은 생산성 및 수요와 투자를 활성화하고, 교육과 새로운 시장의 창출, 기반 시설 조성을 촉진한다는 측면에서 급속한 도시화에 수반되는 주택보급 문제와 기반 시설 그리고 공공 서비스 부재 등의 현안을 공공 정책 차원으로 해결한다면, 아프리카의 급속한 도시화 현상은 아프리카의 경제 성장에 분명한 효과가 있을 것으로 기대된다.

우선 도시화는 실질 GDP 성장과 밀접한 관련이 있다. 실제로 도시 지역 생산성은 농촌 지역 생산성보다 두 배 이상 크기 때문이다. 일례로 맥킨지 보고서에 따르면 2015년도 아프리카의 도시 지역 1인당 GDP는 8,200달러인 반면 농촌 지역 GDP는 3,300달러로 나타났다(McKinsey 2016, 10). 또한, 도시화는 토목과 건축 및 각종 기반 시설을 포함한 대형 기반 프로젝트를 촉진하기도 한다.

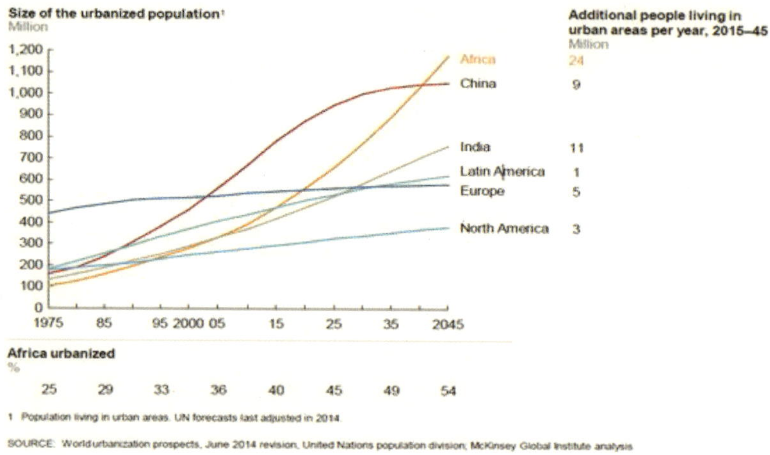

세계 주요 지역별 도시 인구 증가 추이, 1975~2045 (출처: McKinsey Global Institute 2016, 37)

이 같은 점을 반영하듯, 2000년 이래로 아프리카의 연간 민간 인프라 투자는 3배로 증가하였으며, 특히 2006년에서 2008년 사이에는 평균 190억 달러에 이른다. BMI 보고서에 따르면 아프리카에서 2013년 2월까지 추진된 인프라 건설 프로젝트는 총 800건, 7000억 달러 규모였다(윤구 2013). 구체적으로는 남아프리카가 134건, 1299억 달러로 1위, 나이지리아가 106건, 955억 달러로 2위, 이집트가 82건, 602억 달러, 우간다가 63건, 177억, 케냐가 60건, 329억 달러 등이다. 주요 인프라 분야는 교통이 41%와 전력이 37%를 차지했으며, 케냐-탄자니아-우간다를 합한 동아프리카 지역 인프라 프로젝트는 총 152건, 총 668억 달러 규모에 달했다. BMI는 이러한 인프라 투자 확대가 경제 성장에 상당한 기여를 한 것으로 분석하고 있다(윤구 2013). 그럼에도 불구하고, 아프리카의 새롭게 성장하는 메가시티에 양질의 합당한 삶을 제공하기 위해서는 더 많은 투자와 개발 협력이 필요한 실정이다.

아프리카의 성장 엔진과 미래 전망

맥킨지 글로벌 연구소는 인터넷과 휴대폰의 빠른 유입은 아프리카의 성장과 발전을 견인하는 기회로 작용하고 있다고 분석한 바 있다(McKinsey 2016, 7). 이미 은행, 소매, 전력, 건강 관리 및 교육, 전자 지불 등 전 분야를 아우르며 비즈니스 환경을 변화시키고 있는 인터넷과 모바일 정보 통신은 2025년까지 아프리카 GDP의 10%를 성장시킬 수 있을 것으로 예상된다.

나이지리아의 경우, 2010년 이래 해마다 관련 비즈니스 규모가 두 배로 증가하고 있고, 동아프리카 케냐에서 2007년 3월 출시된 모바일 뱅킹 서비스 M-PESA는 더욱 극적이다. 케냐 M-PESA의 경우 케냐 이동 통신 회사 사파리콤Safaricom의 휴대폰 고객 기반과 은행 접근성이 낮은 이용자들에게 편리한 금융 거래 서비스를 제공한다는 전략이 맞아떨어지면서 2013년 기준 회원 수 1700만 명, 모바일 뱅킹 시장 점유율 80%에 이를 정도로 급성장했으며, 전체 송금 거래 가운데 모바일 뱅킹을 통한 거래 비중이 60%를 웃돌 정도로 인기를 끌고 있다. 모바일 뱅킹 사업은 이후 남아공·탄자니아·가봉·나이지리아 등에서도 국가별로 시장을 주도하고 있는 이동 통신 업체들이 사업을 시작하였으며, 이동 통신 업체만이 아니라 기존 은행들도 앞다투어 모바일 뱅킹 비즈니스의 중요성을 인식하면서 그 성장세가 빨라지는 가운데, 동아프리카는 모바일 뱅킹 서비스의 글로벌 리더로 부상했다(KB 경영연구소 2014, 3).

따라서 현재로선 아프리카의 발전에 있어 가장 두드러지는 것은 인터넷과 휴대 정보 통신 기기, 즉 휴대폰의 보급이라 할 수 있다. 나라마다 약간의 차이가 있을 수는 있지만 인터넷과 휴대폰의 보급과 확산은 아프리카에 거대한 성장과 발전의 기회가 되면서, 이를 통해 아프리카 전역에서 모바일 전자 상거래가 빠르게 성장하고 있는 상황이다 (McKinsey 2016, 7). 9억 대 이상 보급된 휴대폰은 아프리카 대륙의 경제 지형을 송두리째 바꾸고 있는 첨병 역할을 톡톡히 하고 있기 때문이다. 아프리카에 휴대폰이 본격적으로 도입된 시기는 대략 2000년 정도로 보며, 이후 도입 7년 만에 약 2억 6천 6백만 명의 전체 가입자 수를 기록했고, 2015년에는 5억 5천 7백만 휴대폰 가입자 수를 기록하면서 세계에서 두 번째로 큰 정보 통신 시장으로 올라섰다. 그러나 휴대폰 보급률은 전체 대륙 인구를 참작하자면 여전히 46%에 머물고 있고, 2020년까지 7억 2천 5백만 휴대폰 가입자 수를 기록할 것으로 전망되어 향후 성장 잠재력은 매우 크다 하겠지만, 2016년 기준으로는 아프리카의 3대 경제 대국인 이집트・나이지리아・남아공이 전체 시장의 1/3 이상을 점하고 있다(GSMA 2016). 대표적인 모바일 이동 통신 기기인 스마트폰의 경우, 2015년에는 18%를 기록하고 있고 2020년에는 전체 보급률이 50%를 돌파할 것으로 예상했다(Berman 35).

아프리카 국가별 특징을 한마디로 요약하자면 다양성과 다채로움에 있다. 국가별 성장 경로와 궤도조차 다양하게 밟고 있지만 그럼에도 불구하고, 앞으로의 장기 전망은 매우 밝다 할 것이다. 특히 아프리카 주요 26개 국가의 경제를 분석한 맥킨지 보고서에 따르면, 아프리카는 농촌 경제에서 도시 경제로 급속히 전환하고 있고, 농업과 천연자원 중심의 GDP 성장 부분이 줄어들며, 그 대신 서비스 분야의 성장이 평균 15% 증가하고 1인당 소득이 두 배 가까이 증가하는 것으로 기대되는 가운데 다양한 분야가 성장에 기여할 것으로 전망하면서 결과적으로 아프리카 경제가 다변화할 것으로 예측한 바 있다. 물론 아프리카가 신흥 시장으로서 현대적인 경제 인프라를 구축을 위한 투자 재원 마련을 위해서라도 수출 촉진을 위한 경제 성장 드라이브가 필요한 시점이다.

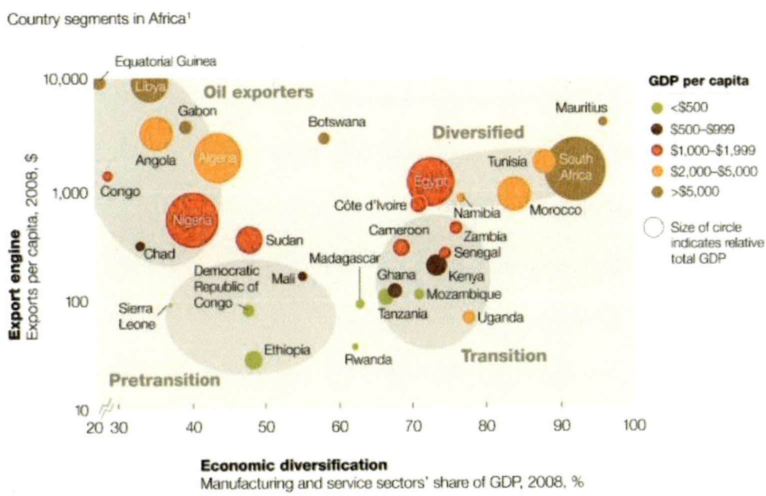

[1] Includes countries with 2008 GDP ≥$10 billion or real GDP growth rate of ≥7% from 2000-08; excludes 22 countries, which accounted for 3% of African GDP in 2008.

Source: Organisation for Economic Co-operation and Development (OECD); World Bank World Development Indicators; McKinsey Global Institute analysis

아프리카 국가별 경제 다변화 지수 분포도 (출처: Mathew 2014, 122)

현재 아프리카에서 가장 다각화된 경제를 갖추고 있으면서 아프리카의 발전을 주도하고 있는 성장 엔진은 다름 아닌 이집트, 모로코, 남아공 그리고 튀니지 등을 들 수 있다. 이들 국가는 제조업과 서비스 산업을 모두 합쳐 GDP의 83%를 차지하고 있으며, 2000년 이후 전체 경제 규모에서 건축 · 금융 · 통신 소매업 등과 같은 내수 서비스가 차지하는 비중은 70% 이상이다. 이들은 아프리카에서 가장 부유한 경제권이며 가장 안정된 내수 기반의 GDP 성장을 기록했다. 즉, 내수가 국가 경제 성장에 큰 몫을 차지하고 있다. 이들 국가의 도시는 지난 10년간 1,000만 명 이상의 인구 유입이 발생함으로써 실제 소비 지출은 지난 2000년 이후 매년 3~5%의 상승을 기록하면서, 이들 아프리카 국가의 도시화에 따른 건설 붐은 지난 10년간 모든 일자리의 20~40%를 창출했다. 결과적으로 소매업, 금융 및 통신을 비롯한 소비 산업 부문이 이들 주요 아프리카 국가의 급속한 성장을 주도한 것이다.

그럼에도 불구하고 이들 국가의 발전을 주도할 성장 엔진의 제대로 된 가속을 위해서는 역동적인 내수 경제를 구축하는 동시에 계속해서 수출을 확대해야 하는 도전에 직면해 있다. 예를 들어, 이집트를 제외하고 나머지 국가의 수출이 여타 신흥 시장보다 훨씬 느리게 성장한 이유는 이들 국가의 단위 노동 임금이 중국과 인도보다 두 배에서 네 배나 높기 때문이다.

물론, 남아공과 모로코의 자동차 수출 사례에서 볼 수 있듯이 일부 아프리카 국가는 이미 고부가 가치 상품을 생산하고 있으며, 특히 이들 아프리카 국가가 브라질 · 말레이시아 · 멕시코와 같은 중진 소득 국가를 목표로 성장하기 위해서는 고부가 가치 상품 제조 생산의 역량을 담보하거나 비교 우위를 확보해야 할 필요가 있다. 이러한 도약을 추구하기 위해서는 무엇보다 상대적으로 풍부한 인적 자원을 활용할 수 있는 교육 시스템과 환경을 개선할 필요가 있다. 특히, 상대적으로 낮은 문해율과 초중학교 입학률 및 상급학교 진학률을 개선하고, 아울러 전반적인 교육 시스템의 품질을 개선하는 것이 한 단계 도약을 가능하게 할 것이다.

아프리카에 대한 외부적 시각은 가난, 질병, 부족 간 갈등 등처럼 부정적 시각이 여전히 지배적인 것이 사실이다. 특히, 여전히 보건과 교육 부문의 문제나 개선의 여지가 많음에도 불구하고, 아프리카의 성장 가속화는 빈곤율을 줄이고 상황을 개선하기 시작한 것은 주지의 사실이다. 그러나 아프리카가 떠오르는 유망 시장인 구체적인 증거는 기본적인 통계를 들여다보아도 알 수 있다. 아프리카의 GDP를 보면 2000년 이래로 계속 성장하고 있음을 보여준다. 2002~2012년까지 아프리카의 연평균 경제 성장률은 13.3%이며, 2012년 아프리카 GDP는 2002년 대비 3.5배나 증가했다. 2013년은 1조 4,157억 달러로 전년 대비 6%, 2015년에는 1조 6,076억 달러로 2013년 대비 13.6%, 2017년에는 1조 8,446억 달러로 2015년 대비 14.7%로 지속해서 성장할 전망이다(Ernst & Young 2013, 3).

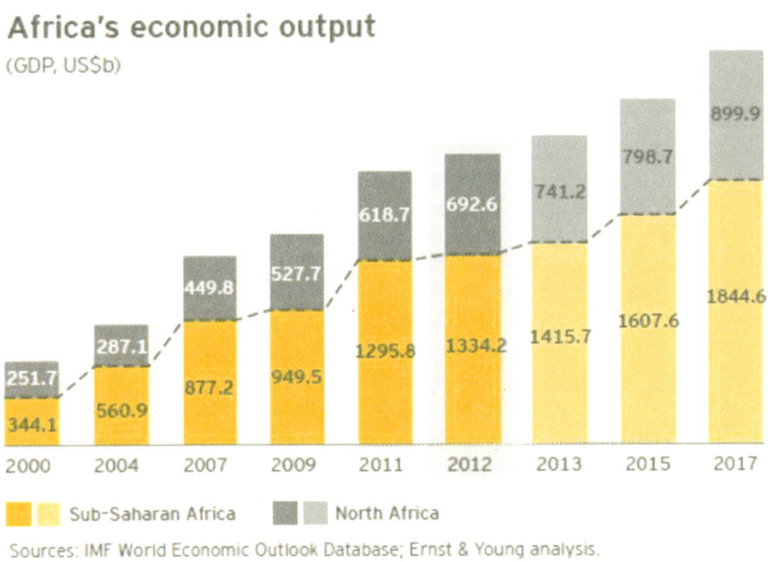

아프리카 GDP 성장 추이(2000~2017) (출처: Ernst & Young 2013, 9)

아프리카 대륙은 지난 10년간 확실히 올바른 방향으로 경제가 발전했음을 알 수 있다. 다양한 데이터가 말해주고 있는 것처럼, 아프리카 경제 성장을 뒷받침하는 핵심 요소로는 인플레와 재정 적자 그리고 외채가 줄었으며, 만성적인 낮은 노동 생산성과 내수 생산이 증가했다는 점을 들 수 있다. KOTRA 분석에 따르면, 사하라 이남 15개국의 외채 부담률(국민 총소득 대비 외채)은 1994년 평균 120%에서 2011년 21%로 감소했다. 아프리카의 수출액을 통한 부채 상환 능력은 2007년 이후 1990년과 비교해 평균 4배 좋아졌으며, 또한, 경제 성장에도 인플레이션율이 과거와 비교하면 상당히 개선됐다(윤구 2013). 이러한 발전 양상을 반영하듯, IMF 세계 경제 전망 자료에 따르면, 지난 2001년부터 2010년까지 10년간 세계에서 가장 높은 경제 성장률을 기록한 10개 국가 가운데 6개 나라가 나이지리아를 비롯한 아프리카 국가였다.

세계에서 가장 빠른 성장을 이룩한 10개국

연간 GDP 성장률

2001-2010		2011-2015	
앙골라	11.1	중국	9.5
중국	10.5	인도	8.2
미얀마	10.3	에티오피아	8.1
나이지리아	8.9	모잠비크	7.7
에티오피아	8.4	탄자니아	7.2
카자흐스탄	8.2	베트남	7.2
차드	7.9	콩고	7.0
모잠비크	7.9	가나	7.0
캄보디아	7.7	잠비아	6.9
르완다	7.6	나이지리아	6.8

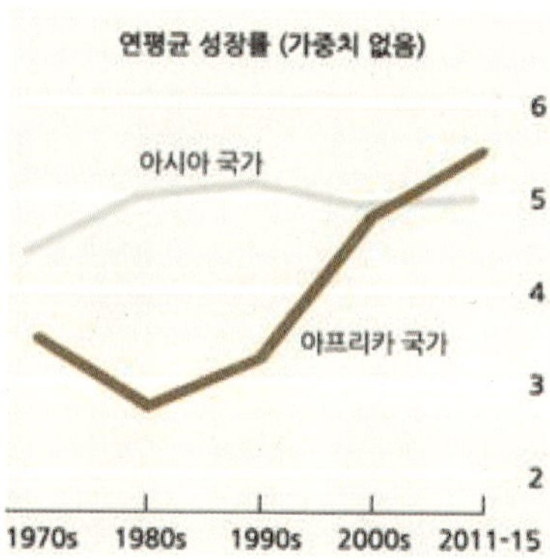

•출처_이코노미스트, 세계통화기금

• 이라크와 아프가니스탄 및 인구 천만 이하인 국가는 제외
• 2010년 추정치, 예상치

세계에서 가장 빠른 성장을 이룩한 10개국 (출처: 『유로저널』 2016, URL: http://www.eknews.net/xe/?mid=kr_politics&category=26886&page=8&document_srl=483574)

이 같은 성장률을 반영하듯 세계적인 컨설팅 회사인 언스트 앤 영(Ernst & Young)에 따르면, 2007년부터 2011년까지 대 아프리카 투자는 네 배로 증가했다. 특히, 동 기간 아프리카 내 전체 투자 건수 가운데 아프리카 국가가 실시한 투자 건수는 8.3%에서 16.9%로 증가하고 있다(Berman, 70). 투자 선호도 조사 결과는 더욱 극적이어서, 2011년 조사에서는 투자 선호도가 꼴찌에서 세 번째였지만 불과 3년 만인 2014년 조사에서는 투자 선호도가 세계에서 두 번째로 높은 평가를 받았다(Ernst & Young 2014, 6).

실제로 2013년 기준, 외국인 직접 투자에 따른 프로젝트 실시 건수는 750개 정도로 -3.1% 성장에 그쳤지만, 총액 면에서 약 13% 증가한 520억 6천만 달러를 기록하면서 전 세계 투자에서 아프리카가 차지하는 비중은 사상 최대인 5.7%를 기록했다(Ernst & Young 2014, 6). 이는 아프리카 대륙의 성장과 발전에 관한 높은 신뢰성을 잘 보여주는 지표라 할 수 있겠다.

한편, 자원 수출 기반의 경제 성장을 견인한 대표적인 아프리카 국가로는 나이지리아, 알제리, 앙골라, 차드, 콩고, 적도 기니, 가봉, 리비아 등을 들 수 있다. 이들 국가는 주요 석유 및 가스 수출을 통해 대륙 내에서 가장 높은 1인당 GDP를 기록하고 있지만, 한편으로는 경제 구조의 다원화가 가장 필요한 국가이기도 하다. 이들 국가는 유가 상승으로 인한 원유 수출로 수입이 많이 늘어나서, 3대 산유국(알제리, 앙골라, 나이지리아)은 90년대만 해도 원유 수출액이 3천억 달러에 불과했지만, 2000년에서 2008년 사이에 석유 수출로 1조 달러를 벌어들였다. 대부분 아프리카 산유국은 해당 수익을 재정 적자 감소, 투자 자금 조달 및 외환 보유고 구축 등을 위해 사용했다.

이들 국가의 경제 성장에서 석유와 가스 수출이 차지하는 비중이 크지만, 제조업과 서비스는 GDP의 3분의 1 정도에 불과한 매우 단순하고 취약한 경제 구조로 되어 있어 대외 경쟁력 확보 차원에서 경제 구조의 다양성을 확보하는 것이 시급한 실정이다. 같은 산유국인 나이지리아와 인도네시아를 비교해보더라도 인도네시아의 경우 제조업과 서비스가 GDP의 70%를 차지하고 있는 반면, 나이지리아는 그 비중이 45% 미만임을 볼 때, 나이지리아의 경제가 유가 하락 혹은 상승 등 대외 환경 요인의 급격한 변화 요인 발생 가능성에 얼마나 취약한지 알 수 있다.

나이지리아는 전환 경제국에서 다각화된 경제국으로 이행을 시작한 아프리카 최대 산유국의 대표적인 사례이다. 천연자원은 2000년 이후 나이지리아의 경제 성장의 35%가량의 비중을 차지하는 가운데 제조 및 서비스 비중도 급속히 성장하고 있다. 특히 일련의 경제 개혁 덕분에 금융과 통신 분야도 갈수록 확대되고 있다. 2000년 이후 나이지리아의 통신 가입자는 거의 제로베이스에서 6,300만 명 이상으로 늘어났고 은행 자산도 다섯 배 이상 증가했다. 이런 점에서 아프리카 최대의 자원 대국이자 인구 대국인 나이지리아가 가진 성장 잠재력은 매우 크다 할 수 있다.

아프리카 최대 산유국으로서, 나이지리아가 석유 자산을 보다 광범위한 경제 발전에 투자할 수만 있다면 앞으로 세계적인 경제 대국으로의 성장은 얼마든지 가능하다고 볼 수 있다. 이것은 석유에 과도하게 의존한 국가 경제가 필연적으로 맞이할 수밖에 없는 이른바 석유의 저주를 피하는 방법이기도 하다. 이런 점에서 인프라와 교육에 대한 지속적인 공공 투자와 나아가 역동적인 비즈니스 분야에 박차를 가할 수 있는 경제 개혁과 행정 개혁을 단행하는 것은 선택이 아닌 필수라 할 수 있다.

2

나이지리아의 성장과 발전

머리글

2014년에 발간된 맥킨지 보고서에 따르면, 나이지리아는 GDP가 약 5,100억 달러로 세계 26위권이자 아프리카 최대의 경제 대국이다. 나이지리아는 매년 7.1%의 경제 성장을 기록하는 가운데 2030년경 세계 20대 경제 대국이 될 것으로 전망된다. 아프리카 최대 산유국이자 1억 7,000만 명의 인구 대국인 나이지리아는 아프리카 최대 경제 시장을 갖추고 있음에도 불구하고 만연한 부패와 보코하람 같은 테러리즘의 만연으로 그동안 힘없는 골리앗으로 불리어온 것도 사실이다(염유섭 2015).

그러나 나이지리아는 1999년 군부 종식에 따른 민주화를 복원한 이후 2015년 대통령 선거에서 사상 처음으로 야당 후보에 의한 평화적인 정권 교체를 이루어냄으로써 이제는 아프리카의 미래로 거듭나고 있다. 치안 확보, 부패 척결, 경제 개발을 내세워 대통령에 당선된 무하마두 부하리는 부유한 남부 니제르 델타 지역 출신의 기독교도인 굿럭 조너선과 반대로 무슬림 신자가 많이 사는 나이지리아 북부의 카치나주 출신이다. 사실 그는 이미 1983년 군부 쿠데타를 일으켜 정권을 잡은 뒤 부패와의 전쟁을 벌이다 20개월 만에 또 다른 쿠데타로 권좌에서 물러난 경험이 있는 군부 독재자였다. 그런데도 무하마두 부하리가 치안 확보와 부패 척결, 경제 개발 등의 공약을 통해 국민의 선택을 받은 것은 나이지리아가 아프리카 최대의 산유국이자 최대의 경제 권역을 갖고 있음에도, 극심한 가난의 구렁텅이에서 빠져나오지 못하고 고통받는 대다수 국민이 가진 변화와 개혁의 염원을 반영한 것이라고 하겠다.

나이지리아는 국가 리스크, 부패 지수, 비즈니스 용이성 등의 측면에서 세계 최하위 수준을 벗어나지 못하고 있다(서상현, 2). 실제로 최근에 조사된 2020년 기준 나이지리아의 부패 지수는 25/100를 기록하면서 전 세계 조사 대상 180개국 가운데 149위를 기록한 가운데 최근 하락 추세에 있다(Transparency International 2020). 하지만 세계 10위권의 석유 자원과 1억 7천만 명에 달하는 아프리카 최대의 인구를 바탕으로 한 시장 경제, 그리고 이번 평화적 정권 교체에서 증명된 민주주의에 대한 국가적 의지 등은 국가 경제를 떠받치는 원동력이다. 나이지리아의 지하 경제 규모는 GDP의 63% 정도로 추정되고 있다(김형원 2015). 이 같은 수치는 나이지리아 경제에 여전한 분배 불균형과 극심한 빈부 격차가 있다는 사실을 방증하긴 하지만, 경제, 산업, 문화 등 전 분야에서 나이지리아가 보여주는 성장세는 실로 괄목상대하다.

영화와 정보 통신 산업은 이러한 나이지리아의 성장을 잘 보여주는 대표적인 분야다. 일례로 제작 편수 기준으로는 연간 2,500편으로 세계 2위로 올라선 나이지리아의 영화 산업의 경우, 나이지리아 영화 산업에 종사하는 인구수는 100만 명에 이르고 국내 총생산(GDP)의 2.3%(6.6억 달러) 정도를 담당하는 것으로 파악되고 있다(*Creators News* 2021). 한편, 정보 통신 분야의 경우 이동 통신 가입자 수는 2000년 기준 60만 명 정도에 불과하였지만 2019년 세계은행이 발표한 「나이지리아 디지털 경제분석 보고서」에 따르면 100명당 모바일 가입자 수는 81.8명에 달하는 것으로 조사되었으며, 이는 사하라 이남 지역 국가 평균인 74.7명을 훨씬 웃도는 수준이다(World Bank 2019, 77). 그러나 세계은행 보고서(2019)에 나타난 나이지리아의 정보 통신(ICT) 개발 지수는 조사 대상 176개국 가운데 143위에 머무르고, 관련하여 네트워크 준비 지수도 119

위를 기록하는 등 경제 관련 주요 핵심 ICT 개발 지표 및 디지털 기반 시설 지표는 상당히 낮은 수준임을 보여줌으로써, 아직 나이지리아가 미래를 위해 가야 할 길은 상당히 멀다는 것을 알 수 있다.

나이지리아의 경제

나이지리아는 독립 이전부터 아프리카의 거인으로 불리어왔다(The Round Table 1959). 흔히 나이지리아는 자원 부국으로 통한다. 실제로 나이지리아는 세계 10대 산유국이자 아프리카 최대 산유국이다. 나이지리아는 전체 국토 면적이 923,768km로 한반도의 4.2배에 달하며, 하우사어(30%), 요루바어(20%), 이보어(20%) 등을 비롯하여 250개 이상의 언어를 사용하는 다양한 부족으로 구성된 연방국이다. 또한, 나이지리아는 세계에서 7번째 인구 대국이자, 이러한 인구를 바탕으로 아프리카에서 가장 큰 소비 시장을 보유하고 있는 경제 대국이기도 하다.

실제로, 세계은행 통계에 따르면, 나이지리아는 2019년 기준으로 2억 명을 웃돌면서, 이집트의 두 배가 넘는 인구를 보유하고 있는 아프리카 최대의 인구 대국이다.[1] 2000년만 해도 1억 2,000만 명 선이었지만 현재 아프리카 전체 인구의 5분의 1을 넘는 인구 대국이자 GDP 측면에서 아프리카 최대를 기록하고 있다. 이런 점에서 나이지리아가 아프리카의 거인이자 자원 부국이라는 표현은 천연자원뿐만 아니라 인적 자

1) Data Commons 참조. "Nigeria." https://datacommons.org/place/country/NGA?utm_medium=explore&mprop=count&popt=Person&hl=en.

원의 관점에서도 타당하다고 볼 수 있다.

나이지리아의 인구 분포를 보면 나이지리아의 전체 인구 가운데 농촌 인구는 48% 정도로, 2018년 이후 도시 인구가 농촌 인구를 앞서기 시작했으며, 여성 1인당 출산/출생률은 5.39명에 달한다.[2)] 지금도 나이지리아의 인구는 연평균 2.6%의 비교적 높은 증가세를 보여주고 있고, 특히 2018년 기준 기대 수명이 54세에 머물고 있고 14세 이하의 인구는 약 8천만 명가량을 차지하고 있을 정도로 나이지리아는 대단히 젊은 국가라 할 수 있다. 그렇지만, 통계상 전체 인구 대비 가용 노동인구는 6천만 명 수준으로 파악되고 있는 상황에서, 학령 인구에 대한 적절한 정규 교육을 통해 이들을 얼마만큼 양질의 노동 인력으로 육성하여 경제 시장으로 유입할 수 있는지의 여부는 향후 글로벌 경제 대국의 비전을 갖고 있는 나이지리아가 풀어야 할 최대 과제 가운데 하나이다.

나이지리아는 2014년 남아공을 제치고 세계 26번째이자 아프리카 최대의 경제 대국으로 부상한 바 있다. 그러나 2015년에 세계에서 세 번째로 높은 7%의 경제 성장률을 기록한 이후 불어닥친 경제 침체와 환율 폭등 및 인플레로 인해 최근 많은 경제적 어려움을 겪고 있는 실정에 있다. 물론 나이지리아의 GDP 연간 성장률은 1988년 이후 성장과 부침의 반복을 거듭하고 있음은 부인할 수 없다(Trading Economics 2021). 특히 나이지리아는 자원 수출(석유 및 가스)을 통해 2007~2010년 평균 6%의 경제 성장률을 기록하며 고성장을 기록하였으나 2015년에는 경제 성장이 급락해서 2.7%로 저조했고 2016년부터 마이너스 성장

2) Data Commons 참조. "Ranking by Fertility Rate." https://datacommons.org/ranking/FertilityRate_Person_Female/Country/africa?h=country%2FNGA.

을 기록하며 경제가 불황에 접어든 것이다. 최근 나이지리아가 겪고 있는 불황의 원인으로는 세계적인 석유 가격 하락 추세 등을 주요 원인으로 들 수 있으며, 나이지리아 경제의 주 수입원인 유가가 하락함에 따른 극심한 경제 불황으로 나이지리아의 경제 성장세는 한풀 꺾이면서, 극심한 환율 하락, 물가 상승, 총수요의 지속적인 감소, 높은 실업률, 실업자 증가, 사회 불안 등의 여파가 이어지는 악순환이 반복되고 있다.

그러나 나이지리아의 GDP는 2000년 1,700억 달러에서 2014년 5,100억 달러로 거의 세 배 이상 성장했다(McKinsey 2014, iv). 2017년 나이지리아의 구매력 기준 GDP는 약 1.1조 달러에 이르면서 1인당 GDP는 6,000달러를 넘기도 했다. 이와 같은 나이지리아의 성장 잠재력을 살펴, 유네스코UNESCO를 포함한 유수의 국제기구 등으로부터 2020년까지 세계 20대 경제 대국으로 올라설 것으로 전망하는 분석 보고서가 나오는 등 나이지리아의 성장 가능성은 언제나 크게 평가받아 왔다.

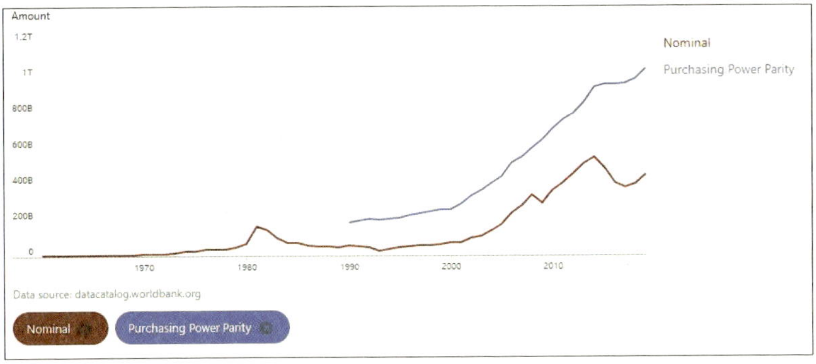

나이지리아 GDP 추이
(출처: Data Commons 2021, URL: https://datacommons.org/place/country/NGA)

그러나 나이지리아가 가진 구조적 문제는 나이지리아 총수출의 90%에 달하는 석유에 대한 지나친 의존은 유가 하락 등과 같은 국가 경제의 대외 위험에 언제나 노출될 수 있다는 취약점이다. 무엇보다도 나이지리아가 대외 요인으로 인한 경제 불황에 취약한 이유는 비효율적인 환율 구조 등 연방 정부의 경제 관리 미흡 때문으로 관측되고 있다. 대외경제정책연구원의 분석처럼, 원유 생산이 나이지리아 전체 GDP의 15% 정도에 불과하다는 사실을 고려할 때, 경제 불황이 어디까지나 원유 가격 폭락 혹은 석유 의존 경제에 있기보다는 연방 정부의 미흡한 경제 운영이 주요 원인으로 지적될 만하다는 것이다(대외경제정책연구원 2017).

나이지리아는 2억 명이 넘는 세계 7위권의 인구(2019년 기준)와 1조 달러 규모의 구매력 기준 GDP(2019년 기준)와 약 4,500억 달러 정도의 명목 GDP(2019년 기준)를 기록하여 세계 20위 권 수준의 경제 규모를 보유하고 있다. 이런 점에서 나이지리아가 남아공과 더불어 아프리카 최대의 경제 대국으로 불리는 명실상부한 "아프리카의 거인"Giant of Africa임은 부인할 수 없는 사실이다(IMF 2015). 경제 성장의 추이를 살펴보자면, 나이지리아는 건국 이후 반복해서 경기 부침을 겪고 있음을 알 수 있다. 그러나 1999년 장기 군부 독재 종식을 이뤄낸 오바산조 민주 정부 이후 나이지리아 경제는 계속된 경기 부침에도 불구하고 급성장을 거듭하고 있음을 알 수 있다.

나이지리아는 국가 차원에서 산업 다양성 등을 추구하고 있지만, 여전히 갈 길이 멀다고 할 수 있다. 국가 차원의 수입 금지 조치 등이 국민 소비 경제 및 경제 활동의 발목을 잡고 있고, 만연한 부패 척결은 요원한 실정이다. 이에 따라 미국 헤리티지 재단 통계에 의하면, 국가별 경제 활동의 자유도를 보여주는 나이지리아의 경제 자유 지수는(2021년 기준) 58.7점으로 평가대상 국가인 180개 국가 가운데 105위이며 서아프리카 지역 내에서는 11위를 기록한 가나에 뒤이어 13위에 그치고 있는 실정이다(The Heritage Foundation 2021).

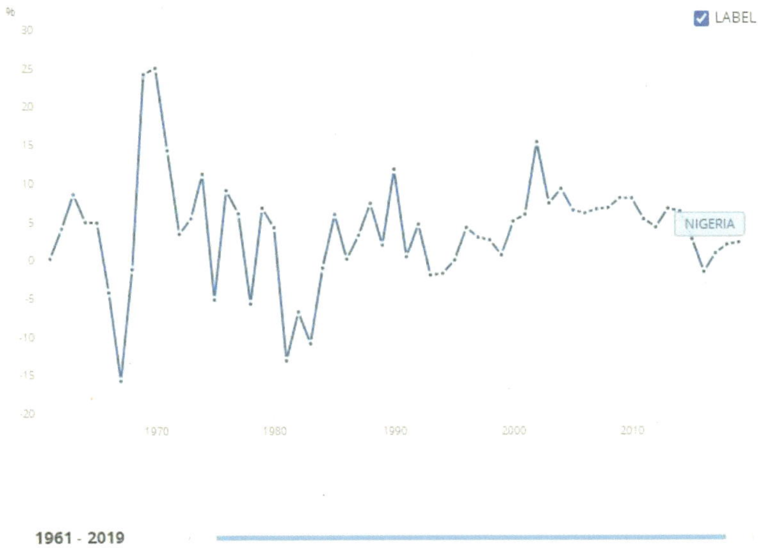

나이지리아 경제 성장 추이(1960~2019)
(출처: 세계은행 2021, URL: https://data.worldbank.org/indicator/NY.GDP.MKTP.KD.ZG?contextual=default&end=2019&locations=NG&start=1961&view=chart)

세계은행에 따르면 나이지리아는 주요 신흥 시장으로 간주되고 있다. 나이지리아는 차세대 "BRIC와 비슷한" 경제로 널리 알려진 MINT 그룹의 회원국이기도 하다. 또한, 세계 최대 경제 대국으로 성장할 "Next Eleven" 국가 경제 하나로 선정되기도 하였다. 나이지리아는 아프리카 유니언의 창립 회원국이자 국제 연합United Nations과 영연방Commonwealth of Nations 및 OPEC을 포함한 많은 다자 국제기구의 회원국이기도 하다. 이 같은 나이지리아의 성장 잠재력을 높게 평가하여 맥킨지 글로벌 연구소는 나이지리아가 매년 평균 7.1%의 고성장을 하면서 2030년까지 네덜란드, 태국, 말레이시아 등의 경제 규모를 넘어 1.6조 달러의 GDP를 달성하여 세계 20대 경제 대국으로 부상할 것으로 전망하고 있다 (McKinsey 2014, 2). 실제로 2005년 이후 나이지리아의 세계 경제 규모(구매력 기준 GDP) 순위는 매년 꾸준히 상승 추세에 있다.

나이지리아의 세계 경제 규모(구매력 기준 GDP) 순위

연도	2005	2006	2007	2008	2009	2010	2011	2012	2013	2014	2015	2016	2017(추정)
순위	52	47	38	37	34	31	31	30	23	20	21	22	23

출처: https://en.wikipedia.org/wiki/Economy_of_Nigeria

나이지리아는 세계적인 산유국이자 자원 부국으로서 나이지리아 산업의 핵심은 석유 수출임은 부인할 수 없는 사실이다. 그러나 타 산유국과 비교해 전체 GDP에서 석유를 비롯한 천연자원이 차지하는 비중은 14%에 불과할 정도로 석유 의존도는 비교적 낮은 편이다. 실제로 2012년도 대비 2015년도의 GDP 구성 비율 변화 추이를 간략히 표로 나타내면 아래와 같다.

GDP 구성 비율 변화 추이

연도	농업	서비스	제조	오일
2012	40%	30%	15%	14%
2015	18%	55%	16%	8%

출처: https://en.wikipedia.org/wiki/Economy_of_Nigeria

1970년대까지만 하더라도, 나이지리아의 경제는 농업이 주된 산업이었으며, 인구의 80%가 도시가 아닌 농촌에 거주하며 살았다. 당시 나이지리아의 주된 수출 품목으로는 코코아, 야자유, 땅콩, 면화, 가죽, 고무 그리고 커피 등이었으며, 이들 외에 주석, 석탄 및 기타 광물 등이 있었다.

나이지리아에서 석유 채굴이 본격적으로 시작된 것은 1956년 니제르 델타주의 올로이비리Oloibiri 지역 일대에서 경제적 채산성이 있는 상당한 양의 석유가 발견될 때이다. 이때부터 모빌, 테네코, 셰브론 등의 석유 메이저들의 본격적인 투자와 석유 탐사가 시작되었고, 해가 갈수록 석유 채굴은 증가하였다. 1958년에 석유 일 생산량은 5,000배럴이었지만 1960년에는 17,000배럴에 이른다(NNPC 2008). 이후, 석유 생산과 수출은 나이지리아-비아프라 전쟁 시기를 제외하고는 가파르게 증가했다. 일례로, 1970년 일 생산량은 1백만 배럴에 이르지만, 1974년에는 일 생산량이 2백 30만 배럴로 증가했다. 2011년 기준 나이지리아의 부존 석유 매장량은 372억 배럴로 세계 10위권, 그리고 천연가스는 세계 9위권을 형성하고 있다고 평가된다(OPEC 2011). 특히, 70년대 급격한 오일 생산 증가는 당시 세계적인 오일 쇼크와 맞물려서 나이지리아 정치 경제 구조가 오일 생산 및 수출 중심의 석유 의존형 체질로 바뀌는 데 상당한 영향을 미치면서, 이 때문에 나이지리아 경제는 석유를 중심으로 한 대외 환경 변화에 대단히 취약한 구조를 갖게 된 것이다.

한 가지 일례로, 70년대 이후 나이지리아의 석유 수출이 매우 증가하자 외화 유동성 유입 증가로 인해 상대적으로 나이지리아 통화인 나이라의 가치가 지나치게 고평가되기 시작하면서 이에 따라 나이지리아 국내에서 제조 생산된 내수 상품의 소비보다 해외 수입 제품의 소비가 훨씬 쉽고 저렴하게 보이게 만들었으며, 이에 따라 국내 제조 산업 투자 육성의 중요성을 간과하게 만들었다.

기존의 농업 기반의 경제에서 자원 경제, 특히 석유 의존 경제 체제로 산업 구조와 경제 정책 자체가 급격히 변화함과 동시에 시골 농촌을 떠나 도시로 이주해 들어오는 젊은이들의 숫자가 급격히 증가함에 따라 나이지리아 전체 경제에서 농업이 차지하는 비중이 더욱 낮아지고 이로 인해 농업 분야의 문제가 더욱 심화하는 악순환이 되풀이되고 있다. 실제로 1965년에 농업이 차지하는 수출 비중은 75% 정도였지만, 2010년에는 겨우 3% 정도에 그치고 있다. 이에 비해, 석유는 1965년에는 25%였지만, 2010년에는 무려 전체 수출 비중의 96%를 차지했다. 이에 따라 지난 40년 동안 석유는 나이지리아 정부의 주요 수입원으로서 연간 정부 총수입의 75% 이상을 점하고 있는 실정이다.

지나친 석유 의존 구조는 나이지리아 경제 구조를 대외 환경 변화에 대단히 취약하게 만들고 말았다. 실제로, 1985~1987년 사이에 유가가 8달러에서 10달러 사이로 곤두박질치자 나이지리아 경제는 대외 채무 지급 불능 상태로 빠지고 만다. 경제 불황과 위기가 계속되자, 이브라힘 바방기다는 당시 무하마두 부하리 군사 정부를 무너뜨리고 정권을 잡은 뒤, 경제 개혁 및 발전 방안을 제시하고 IMF와 세계은행이 요구한 구조 개혁 프로그램을 시행하기 시작했다. 이에 따라 재정 긴축, 경제 자유화, 민영화 등의 조치에서 상당한 성과를 거두긴 했지만, 재정 부문 구조 개혁 과정에서 교육 및 보건 분야에서 상당한 규모의 지출을 삭감하는 등, 이로 인해 많은 일반 국민이 극심한 경제적 고통을 감내해야 했다.

특히 유가 하락과 같은 대외 환경 변화로 따른 나이라 화폐의 가치 하락은 가히 살인적이었으며 이로 인한 수입 상품 인상과 이를 감당할 수 없는 구매력 감소와 소비 위축에 따른 일반 국민의 고통은 말로 표현이 힘들 만큼 극심했다. 개혁 대상에서도 소외된 관계로 국민의 반감이 이루 말할 수 없이 높아지자, 바방기다 정부는 급기야 충격을 완화하고자 개혁 드라이브를 주춤한 결과 오히려 개혁에 대한 국민의 불신만 높아졌다. 나이지리아 경제는 석유 수출에 대한 지나친 의존과 불균형을 극복하지 못하고 있고, 특히 석유로 벌어들인 정부 수입과 예산으로 일반 국민의 복지 향상 및 삶의 질 향상에 전혀 힘을 쓰지 못하고 있는 실정이다.

한마디로 오일 머니는 지난 40년간 나이지리아 전체 경제 산업 지형을 송두리째 바꾸어 놓으면서 대체로 사회적 · 도덕적 가치 체계를 황폐하게 파괴한 최대 원인이 되고 말았다. 특히나 부패는 지난 40년간의 군사 독재 시절을 거치면서 만연했다. 1993년 바방기다가 물러나고 어네스트 쇼네칸이 임시 대통령으로 지명되어 잠시나마 민간 정부가 출범하긴 하였지만, 불과 3개월 만에 사니 아바차 국방 장관이 시도한 궁정 쿠데타로 또다시 군사 정권(1993~1998)이 들어서고 말았는데 나이지리아의 부패가 가장 극심한 시기는 다름 아닌 이 시기였다.

1970년대 중반부터 2001년까지, 나이지리아는 원유 수출로 3,000억 달러 이상을 벌어들였다. 같은 시기에 나이지리아가 서방 채권국(이른바 파리 클럽)에서 빌린 채무 규모는 300억 달러 정도이다. 하지만 1980년대 시작된 유가 하락과 대외 환경에 취약한 나이지리아의 경제 상황을 고려하면 대외 채무 규모는 나이지리아가 감당하기에는 벅찬 것이었다. 특히나 나이지리아가 석유로 벌어들인 돈과 해외에서 빌린 돈의 일부는 사회 기반 시설 확충과 교육 보건 서비스 등을 비롯해서 당장 시급한 공공사업에 투자되기도 하였으나, 상당 규모의 돈은 이른바 쓸모는 하나도 없으면서 힘만 드는 산업 프로젝트에 들어간 것이 문제였다.

여느 개발 도상국도 대부분 상황이 비슷하겠지만, 나이지리아의 경우는 부정부패가 경제 사회 발전의 가장 큰 장애물이었다. 그래서 연방 정부가 야심 차게 준비한 프로젝트 대부분은 상당한 규모의 재원이 고위급 공무원과 정치가들의 손에서 사라지거나 이들 대부분은 나이지리아 외부의 외국계 은행 계좌 등을 통해 국외로 빠져나가는 경우가 비일비재했다는 것이다.

한 가지 사례를 들면, 나이지리아 연방 수도 아부자시 남쪽으로 자동차로 4시간 거리에 있는 코기주 아자오쿠타Ajaokuta에는 2만 4천 헥타르의 광활한 부지에 설립된 나이지리아 최대의 철강 회사인 아자오쿠타 철강Ajaokuta Steel Mill이 자리 잡고 있다. 1970년대 한국의 포항제철 착공과 비슷한 시기에 추진된 본 프로젝트는 당시는 물론이고 현재까지도 나이지리아가 단일 지역에 투자한 사업 규모 가운데 최대인 무려 500억 달러의 자금이 투입된 초대형 사업이었다. 본 프로젝트의 취지는 공장 가동 시 매년 나이지리아가 소비하는 2천만 톤의 철강 제품(6조 나이라 상당) 수입을 대체하고, 만 명 이상의 직접 고용과 50만 명 이상의 간접 고용을 창출하여 국가 기간산업 발전에 이바지하겠다는 원대한 프로젝트였다. 그러나 언론 보도에 따르면, 착공 23년 만인 1994년 공정률 98%를 기록한 이후부터 현재까지도 사업은 지지부진하여 지금은 언제 공장을 본격적으로 가동하여 철강 생산을 할 수 있을지 누구도 모르는 상황이 되어버린 실정이다(Hakim Jamiu 2017).

나이지리아가 군정을 종식하고 뭔가 새로운 도약의 계기를 만들어 내려고 하던 시기는 2003년, 비록 군부 출신이지만, 선거를 통해 오바산조 민주 정부가 출범하던 때이다. 그러나 당시 나이지리아 경제는 인구 증가율보다 느리게 성장하고 있었다. 인구는 연평균 2.8% 이상 성장하고 있던 반면, 경제는 10년간 연평균 2.5% 성장하는 데 그쳤다. 장기간 반복된 쿠데타와 군정 그리고 경제 실정에다, 유가가 폭락하는 등의 대외 경제 상황 변화로 인해 경제 불황은 계속되고 있어서 인플레이션은 두 자리 숫자로 치솟고 있었으며, 외환 보유고와 제조업 분야 가동률은 거의 바닥 상태였다. 이 모든 것이 나이지리아의 경제 구조가 석유에 지나치게 의존하고 있던 것이 큰 원인 중의 하나였다. 거기에다 세계적인 유가 하락 및 환율 하락으로 촉발된 내수 경제 불황으로 인해 실업률도 최악이었으며, 더불어 인간 개발 지수도 세계 최악의 상황이었다.

그럼에도 불구하고, 나이지리아가 뭔가 새로운 정책을 시도하여 경제 도약의 기회를 엿보기 시작한 것은 군정 종식 및 정권 교체 후 들어선 오바산조 정부 때부터였다. 1970년대의 석유 호황 기간 나이지리아는 주요 인프라 투자를 위한 상당한 외채를 빌렸지만, 1980년대 유가 하락으로 인해 약 330억 달러에 달하는 외채 상환 불능 위기에 빠지기도 했다. 당시 나이지리아의 국민 총소득 대비 외채 비중은 약 77%(2002년 기준) 정도였다(강김아리 2005).

당시 2005년 초 미국, 영국 등 이른바 서방 선진국 G7 등으로 구성된 이른바 파리 클럽 채권단은 사하라 사막 이남 최빈국을 비롯하여 전 세계 최빈국 부채를 100% 탕감하는 데 합의한 바 있으나 나이지리아는 아프리카 최대 원유 생산국으로서 외채 상환 능력을 높게 평가하여 채무 변제 대상에서 제외된 바 있다. 이에 반발하여 오바산조 정부는 파리 클럽에 외채 상환 부담 경감을 호소한 바 있으며, 2005년 10월 나이지리아와 파리 클럽 채권단은 협상 끝에 약 60% 경감된 외채 상환을 결정하였고, 마침내 2006년 4월에 파리 클럽의 채무 상환을 완료하는 데 성공했다. 2015년 기준 나이지리아의 외채 규모는 약 94억 달러 정도를 유지하고 있다(*Vanguard* 2015).

현재 나이지리아는 GDP(PPP) 기준 세계 20위권 수준의 신흥 시장이다. 풍부한 자연 자원, 잘 발달된 금융, 법률, 통신, 운송 부문 등 세계은행World Bank에 따르면, 나이지리아는 이미 중·저소득국 수준에 도달했으며 아프리카에서 두 번째로 큰 증권 거래소를 운영하고 있다. 나이지리아 최대의 외국인 투자국인 미국과의 교역을 예로 들자면, 원유 수출의 경우, 미국의 총 석유 수입 규모 가운데 11% 정도를 점하면서 대미 교역국 가운데 7번째로 큰 무역 흑자를 기록하고 있다. 이를 기반으로, 나이지리아는 미국의 50번째로 큰 수출 시장이자, 대미 교역국 가운데 14번째로 큰 상품 수출국으로 올라서면서 사하라 이남 아프리카 국가 가운데서는 미국 최대의 교역국으로 자리 잡고 있다.

또한 나이지리아는 뛰어난 문화를 바탕으로 문학과 영화 그리고 영화 산업이 발달해 있다. 일명 놀리우드라 불리는 나이지리아 영화의 경우 세계에서 인도 다음으로 많은 영화를 제작하고 있다. IMF의 경제 전망에 따르면, 나이지리아는 2008년에 9%, 2009년에 8.3%의 경제 성장을 기록하고 있으며, 2011년에는 8%의 고속 성장을 거두었다. 이 같은 성장을 반영하듯, 씨티은행 그룹은 나이지리아가 2010~2050년 세계에서 가장 높은 평균 GDP 성장률을 기록할 것으로 전망한 바 있다.

나이지리아는 1960년 식민지 독립 이후 과거 30년 이상 군정과 부패로 경제 발전에 어려움을 겪어 왔다. 아프리카 전체 인구의 25% 정도를 차지하는 자원 부국 나이지리아는 독립 후 세계적인 신흥 경제 강국으로 성장할 것으로 전망되었으나, 반복된 군부 독재와 종족 간 지역 간 갈등과 부정부패 등으로 국가 성장이 지연된 채, 그동안 나이지리아가 가진 잠재력은 여태 제대로 실현되지 못한 실정이다. 다행히 우여곡절 끝에 합법적인 선거를 통한 평화로운 정권 교체 끝에 민주 정부가 수립된 뒤 일련의 경제 개혁으로 나이지리아가 가진 경제적 잠재력은 어느 정도 발휘할 수 있는 기틀을 다지게 된 것이다.

3

나이지리아의 역사와 문화

머리글

서아프리카의 나이지리아는 서쪽으로 베냉, 동쪽으로는 차드와 카메룬 그리고 북쪽에서는 니제르와 국경을 마주 접하고 있는 연방 공화국이다. 한국과는 1980년 2월 22일 수교 관계를 체결한 바 있는 나이지리아는 최근까지 한국의 중점 협력국으로서 정치 경제적으로 매우 중요한 서아프리카의 국가이다. 나이지리아 남쪽 해안은 대서양의 기니만을 바라보고 있다. 과거 이곳 해안은 15세기경 포르투갈이 진출한 이후 네덜란드, 프랑스, 영국 등 유럽의 제국주의 열강들이 앞다투어 들어와 이곳 흑인들을 붙잡아 삼각 무역을 통해 유럽과 미국 등지로 노예로 팔던 악명 높은 노예 해안이기도 했다.

나이지리아가 연방 공화국으로 정식 출범한 것은 1960년 영국으로 독립한 후 3년 뒤인 1963년이다. 그러나 나이지리아는 공화국을 수립한 지 불과 3년 만에 남북 지역 간 그리고 종족 간, 종교적 경제적 문화적 정치적 차이와 갈등에 따른 극심한 정국 혼란에 휘말리게 된다. 이로 인해 연이어 군부 쿠데타가 발생하고 오랜 시기 동안 군정 통치 시대가 전개된다. 정국 혼란의 원인에는 종족 갈등과 종교 갈등, 부정부패와 석유 파동, 그리고 이에 따른 경제 불황 등의 다양한 원인을 찾아볼 수 있다. 그러나 "Unity and Faith, Peace and Progress"를 국호로 하는 나이지리아는 건국 이후 끊임없이 내전과 쿠데타 그리고 크고 작은 종족 간 분쟁과 폭동 등이 점철된 격동의 역사를 반복하였다. 가장 최근에는 종교 갈등과 경제적 격차의 심화에 따라 북동부 지역을 중심으로 세력을 확장한 보코하람 등의 급진 이슬람 세력의 준동에 시달리고 있는 실정이다(이태무 2014).

나이지리아의 역사를 살펴보면, 공화국 출범 후 불과 3년 만인 1966년과 1967년 사이에 잇달아 발생한 일련의 군사 쿠데타와 이에 따른 극심한 종족 간 지역 간 갈등 때문에 발생한 비아프라 내전(1967~1970)은 나이지리아 근대사에서 가장 비극적인 사건이다. 1963년 연방 공화국 수립 후 3년 만인 1966년 지역 갈등과 정국 혼란에 불만을 품은 나이지리아 동남부 지역 출신의 이보족 장교들이 쿠데타를 주도하여 연방 총리를 비롯한 북부 출신의 정치인들이 대거 살해당한 사실에 분노한 북부 사람들이 폭동을 일으켜 수천 명의 이보족 사람이 보복 살해당하고, 남부에서도 하우사족 사람들이 보복 살해당하는 일이 연달아 발생했다. 결국 북부의 이보족 사람들은 동남부 이보족 지역으로 탈출하다시피 도망가고, 동남부 지역의 이보족 사람들은 생존을 위한 자치와 독립을 요구하다 종국에는 자신들만의 비아프라 공화국 수립을 선포하기에 이른다.

비아프라 전쟁이라 불리는 이들 이보족 사람들과 연방 정부 사이의 내전은 1967년부터 1970년까지 3년간 지속되었고 연방 정부의 봉쇄 작전으로 인해 수없이 많은 이보족 사람이 전쟁과 굶주림으로 죽어갔다. 사실 1966년에 일어난 두 번에 걸쳐 일어난 군부 쿠데타와 1967~1970년 사이에 일어난 비아프라 내전은 나이지리아가 안고 있는 지역 간, 종족 간, 종교, 정치, 경제에 얽힌 복잡한 문제들이 복합적으로 투영된 것이다.

우여곡절 끝에 나이지리아는 1979년에 새 헌법이 제정된 뒤 다시 연방 공화국으로 복귀하였다. 그러나 4년 후 또다시 군부가 권력을 장악하여 군정이 시작되었다. 이후 1983년 무하마두 부하리의 쿠데타를 비롯하여 군부는, 1999년 군부 출신의 오바산조가 대선에서 승리를 거두어 비로소 민주적인 문민 정부가 출범할 때까지, 나이지리아 정치권력의 핵심에 있었다. 이에 따라 나이지리아는 1963년 연방 공화국 출범 이후 제대로 된 민주 정부의 복귀까지 무려 30년 이상을 기다려야 했다.

오바산조 정부에서 재무 장관을 지내면서 나이지리아의 대외 부채 청산에 대대적인 공헌을 한 은고지 오콘조-이웰라 전 나이지리아 재무 장관의 주장처럼, 나이지리아에 있어서 군사 통치의 시기는 정치 경제적으로 나이지리아에 있어서 재난 그 자체였다고 말할 수 있다. 오랜 군사 독재로 인해 국가의 체계와 주권은 심각하게 손상되고, 군부 통치하에 부패는 만연했으며, 이는 나이지리아 건국 후 현재까지도 나이지리아 발전에 걸림돌로 작용하고 있다(Okonjo-Iweala, 2).

나이지리아는 현재 36개 주와 수도 아부자가 있는 연방 수도 특별구역Federal Capital Territory으로 구성되어 있다. 연방 공화국인 나이지리아는 대체로 종족과 문화 그리고 종교의 분포에 따라 주로 남부에 사는 기독교도와 북쪽의 이슬람교로 크게 구별할 수 있다. 나이지리아를 구성하고 있는 종족 집단은 너무나도 다양하지만, 개략적으로 기독교와 이슬람의 비율은 대략 58% 대 41%이며 기타 1% 정도로 추정된다. 대체로 북부 나이지리아는 대부분이 무슬림인 하우사족과 풀라니족이 살고 있고, 남동부의 이보족과 남서부의 요루바족은 대부분이 기독교인들이다.

통상적으로 나이지리아의 종족은 언어와 종교, 생활 방식, 전통, 우주관 등 문화적 특성에 기반을 두어 구분되지만, 그럼에도 불구하고, 예전에 영국이 설정한 경계는 기존 토착민의 실제 활동 영역을 고려하지 않고 오로지 제국의 상업적 이익을 위해 만들어놓은 것에 불과하다고 할 수 있다. 이로 인해, 예기치 못한 종족 갈등과 종교 갈등 그리고 정치적 긴장 관계가 나이지리아 국가 통일이 지속해서 위협받는 하나의 원인으로 작용한 적이 부지기수였다. 1914년에서 1977년 사이에 비아프라 내전을 비롯한 약 8건의 분리주의 시도가 있었으며, 특히 1967년부터 1970년 사이에 있었던 비아프라 내전은 대표적인 사례이다. 2000년 이후에도 납치와 테러를 수반한 종교 갈등은 식을 줄 모르고 준동하고 있으며, 이슬람 원리주의 단체인 보코하람Boko Haram이 나이지리아 북동부 지방(보르노, 곰베, 아다마와 주)과 차드, 니제르 그리고 북부 카메룬을 중심으로 준동하여 무차별 테러를 일으켰다.

앞서 언급한 것처럼, 나이지리아는 하우사-풀라니, 이보, 요루바 등을 비롯하여 500개 이상의 다양한 종족과 언어로 구성되어 있다. 이러한 복잡성과 다양성을 태생적으로 가진 나이지리아는 연방국으로서의 통합과 단결을 위하기 위해서라도, 연방 수립 이래 영어를 공식 언어로 채택하고 있다(Falola & Heaton, 4). 나이지리아를 구성하는 종족 집단 가운데 가장 규모가 큰 주요 집단은 북부의 하우사Hausa와 풀라니Fulani족, 동남부의 이보Igbo족, 그리고 남서부의 요루바Yoruba족 등이다. 아프리카 최대 종족 가운데 하나인 하우사족은 아프리카 사하라 사막 이남 지역과 수단 사바나 지역 사이의 사바나 기후 지대인 이른바 사헬Sahel 벨트를 근거로 하고 있다. 아랍어의 사힐에서 유래된 사헬은 사하라 사막의 경계를 뜻하는 말이다. 하우사 사람들은 나이지리아, 니제르, 카메룬, 코트디부아르, 차트, 토고, 가나 수단, 가봉, 세네갈 등지에서 2021년 기준으로 약 8,000만 명 정도가 사는 것으로 집계되고 있으며, 이 가운데 나이지리아에는 전체 인구의 약 30% 정도인 대략 6,600만 명 그리고 니제르에는 1,000만 명 정도가 거주하고 있는 것으로 알려져 있다(CIA 2021).

특히, 북부 나이지리아는 하우사족의 본거지라 할 수 있다. 하우사족은 이른바 "비르니Birni"라 불리는 성벽 도시를 중심으로 7개의 작은 주를 세워 이른바 하우사 랜드를 건설한 뒤, 잘 조직된 재무 체계와 사법 제도를 갖춘 효율적인 이슬람 율법을 기반으로 한 행정 체계를 발전시켰다. 특히 북부 카치나Katsina주의 다우라Daura는 유서 깊은 이슬람 문화와 학문의 요람으로서 하우사족의 정신적 고향이다. 통상, 나이지리아에서 하우사와 같이 묶여 구성되는 부족에는 풀라니족이 있다. 이들은 주로 북부 사바나 지역 출신의 무슬림들이며, 대략 14세기 초부터 15세기 사이에 하우사 지역으로 들어온 이슬람 유목민들이다. 이들은 결혼과 무역 등을 통해 하우사족 사람들과 융화하여 하우사의 관습과 언어를 받아들이고 북부 나이지리아 지역을 중심으로 오늘날의 카노, 카치나, 자리아 등의 이슬람 하우사 도시를 건설하고 무역 통상을 발전시키는 데 큰 역할을 했다(Falola & Heaton, 29).

요루바족은 지리적으로 기니만 북쪽과 니제르강 서쪽을 거쳐 베냉과 토고를 아우르면서 서아프리카 3개국에 걸쳐 광범위하게 분포하여 살고 있다. 나이지리아의 경우, 북쪽으로는 수도 아부자의 남쪽에 있는 코기Kogi를 비롯하여, 에키티Ekiti, 콰라Kwara, 라고스, 오균Ogun, 온도Ondo, 오순Osun, 오요Oyo 등이 이른바 문화적으로 요루바랜드Yorubaland를 형성하고 있다. 반면에, 약 2,400만 명(2007년 기준) 정도의 인구를 보유한 이보족은 아프리카 내에서 대부분 나이지리아와 적도 기니 등에 분포하며, 나이지리아 동남부 지역 가운데 아비아Abia, 아남브라Anambra, 에보니Ebonyi, 에누구Enugu, 이모Imo 등의 지역에서 이른바 자신들만의 독특한 이보랜드Igboland를 형성해왔다.

독립 이전의 나이지리아

지금의 나이지리아는 수천 년 동안 수많은 왕국과 부족 국가가 있던 곳이다. 그러나 현대 나이지리아는 19세기에 시작된 영국 식민지 지배 및 1914년 남부 나이지리아 보호령과 북부 나이지리아 보호령의 합병에서 비롯된 것이다. 나이지리아는 1960년 영국으로부터 독립하였고, 1967년부터 1970년까지 내전을 경험하였다. 이후, 1999년 안정된 민주주의를 쟁취할 때까지 민주 정부와 군부 독재를 번갈아가며 경험했다. 그리고 마침내 2011년 사상 처음으로 가장 공정하고 자유롭고 민주적인 대통령 선거를 치르면서 오늘에 이른다.

나이지리아의 역사는 기원전 11000년경 이 지역에 거주하던 선사시대 정착민 시대까지 거슬러 올라갈 수 있다. 베닌Benin 제국, 은리Nri 왕국, 오요Oyo 제국을 비롯하여 수많은 고대 아프리카 문명이 오늘날 나이지리아를 형성하고 있는 여러 지역에 정착했으며, 15세기와 16세기에 사하라 사막 이남의 서부 사헬 지역에 자리 잡은 송가이 제국도 현재 나이지리아의 일부로 자리 잡고 있다. 전성기에 송가이 제국은 아프리카 역사상 매우 큰 국가 가운데 하나였다.

나이지리아는 고대부터 대단한 구전 전통을 담고 있다. 아랍계의 사상과 문화가 나이지리아에 영향을 주기 시작한 것은 약 8세기 전후이며, 이슬람교의 경우 11세기에 하우사 왕국을 통해 나이지리아에 들어왔다. 14세기에는 나이지리아 북부에서 아랍어가 번성하였고 17세기에 이르자 일부 하우사 문학이 아랍어로 번역되기 시작하였다. 기독교는 15세기 무렵 포르투갈의 아우구스투스 수도회와 카푸친 작은형제회 소속 수도사들을 통해 나이지리아에 전래하였다. 유럽과의 직접 무역이 시작된 것은 바로 이 시기부터였다. 포르투갈은 유럽에다 서아프리카 금을 교역하는 데 있어서 사하라 중계 무역상을 거치지 않기 위해 아프리카 연안을 탐험했고 결국 이것은 인도로 가는 길이었다.

포르투갈은 여러 곳에 해안 교역 기지를 건설했다. 대서양 노예 무역을 도입했으며 베냉 왕국(현재의 나이지리아)에서 포로를 사서 지금의 가나에 있는 해안 교역 기지에서 아프리카 상인들에게 팔았다. 특히 1680~1800년 사이의 기간은 대서양 해역의 플랜테이션 성장으로 노예 무역이 한창 붐을 이룬 시기였다.

17세기 중반에서 18세기 중반까지 제국주의 무역을 위해 교역 기지 설립 등을 비롯한 서아프리카 해안에서 세력을 확장하려는 유럽 각국의 경쟁은 치열했다. 여기에는 국가를 대신하여 실패의 확률과 위험을 감수할 수 있는 소수의 기업만이 독점권을 가지고 노예 및 무역 상품의 주식을 보유하는 데 필수적인 해안 요새를 건설하고 유지할 수 있었다. 영국의 경우 이 지역에서 네덜란드와의 노예 무역 경쟁을 하기 위해 국영 무역 회사를 설립했다. 그 첫 회사가 로열 어드벤처Royal Adventurers였다. 로열 어드벤처는 1660년에 독점권을 부여받았으며, 이후 1672년에 왕립 아프리카 회사Royal African Company가 만들어지자 그 자리를 이어받았다.

18세기 초 무렵에 영국과 프랑스는 당시 서아프리카 무역을 장악하고 있던 네덜란드를 밀어내고 서아프리카 지역 패권을 장악할 교두보를 확보하였다. 그런데 프랑스 혁명 후 혼란기에 시작된 나폴레옹 전쟁Napoleonic Wars(1799~1815)의 막바지에 영국은 워털루 전투(1815)에서 프랑스에 승리를 거둔다. 이후 제2차 파리조약(1815년 11월 20일) 체결로 전쟁이 종결된 뒤 나폴레옹의 프랑스 제국은 힘을 잃고 부르봉 군주제로 복귀하는 상황과 맞물리게 되고 결과적으로 영국은 모리셔스, 트리니다드, 세인트루시아 등을 비롯하여 대서양과 아프리카 등지에서 막대한 식민지에 대한 통치권과 상권을 확보하는 데 성공함으로써 식민지에서 나오는 자원과 물자를 바탕으로 제국주의 경제를 크게 성장시킬 수 있게 된다.

19세기 들어서자 영국은 자국의 제조업 상품을 팔기 위해서라도 서아프리카 시장을 여는 것이 무엇보다 필요했다. 이를 위해 영국은 특히 야자유와 상아 교역을 확대하는 데 심혈을 기울였다. 이에 따라 이 당시 영국이 나이지리아를 공식적으로 보호하고 식민지화하려는 움직임에는 영국의 무역 이익을 보다 확대하고, 나아가 프랑스와 독일과 같은 타 유럽의 제국주의 국가의 진출을 막기 위한 목적이 이면에 있었다.

한편, 19세기 초 오늘날의 북부 나이지리아 지역과 남부 니제르의 사바나 지대를 아우르는 지역에서 풀라니 개혁파를 주축으로 한 이슬람 지하드 세력의 주도로 보르노 왕국을 무너뜨리고 소코토 칼리파 왕국Sokoto Caliphate(1804~1903)이 세워졌다. 소코토는 수백 년간 각종 전쟁에 시달리던 북부 사바나 지역들을 한데 아울러 단일 왕국의 행정 체제로 통합하는 데 성공했다. 이에 따라 전성기 시절 소코토는 아프리카에서 가장 많은 인구를 보유한 칼리파 왕국이 되었다(Falola & Heaton, 62).

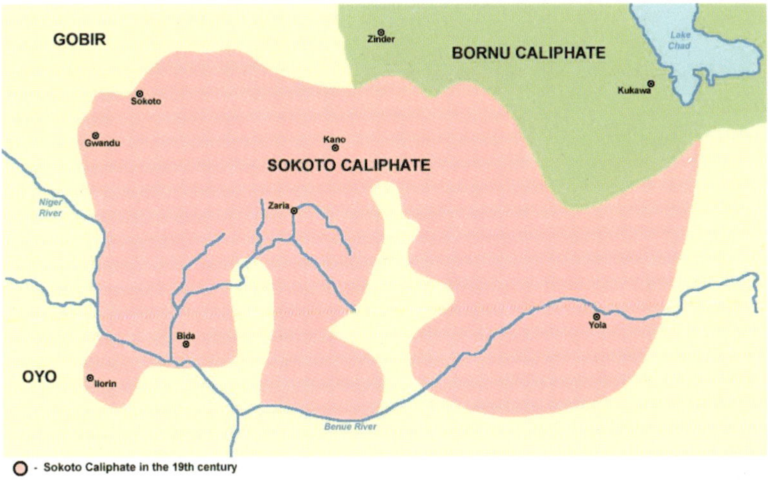

19세기 초 나이지리아 북부 소코토 칼리파 왕국 (출처: 위키미디어 커먼스 2016, URL: https://commons.wikimedia.org/wiki/File:Sokoto_caliphate-es.svg)

소코토 왕국은 상업 거래에 이슬람 세금을 도입하는 등 경제 활성화와 상업의 융성을 이끌었다. 칼리파 왕국 내 주류를 형성하던 주민 대부분은 하우사족과 풀라니족 출신의 이주 상인 집단으로서 이들은 광범위한 무역 통상 네트워크를 운영하는 한편, 노예 무역을 통해 이교도 포로를 노예로 수입하면서 칼리파 내 노동력 공급은 꾸준히 증가했다. 이를 통해 칼리파 내 도시들이 성장했으며, 이들 도시 가운데 카노Kano는 북부 나이지리아 최대의 제조업 중심지이자 상업의 수도로 성장할 수 있었다. 카노에서 만들어진 의류는 서부 아프리카 전역으로 수출되었으며, 무엇보다도 소코토 칼리파의 형성을 통해 북부 나이지리아에서 이슬람교는 시골 농촌 곳곳에 자리 잡은 풀뿌리 종교로 자리 잡게 되었다.

영국은 1850년까지 라고스와 니제르강 델타 지역의 무역에만 전념했다. 1861년에 영국은 노예 무역상의 불법 활동을 막고 나이지리아 남서부 요루바 지역 내전으로 인해 붕괴한 무역을 회복하는 한편, 프랑스의 라고스 침공에 대비한다는 이유로 라고스를 기존의 영국 보호령과 통합하여 하나의 식민지 보호령으로 병합하는 조치를 단행했다. 이후 노예 무역이 폐지된 19세기 중반까지 300년 동안 노예 무역은 나이지리아 남부에서 일어난 치열한 내전의 주요 원인 가운데 하나였다.

나폴레옹 전쟁 이후 영국은 나이지리아와 무역을 확대하면서 1885년 무렵 서아프리카에 대한 영국의 영향력은 국제적인 공인을 받게 되었다. 이듬해 왕립 니제르 회사Royal Niger Company가 설립되었고, 1900년에는 왕립 니제르 회사가 보유한 영토가 영국 정부의 통제하에 들어온 후 1901년 1월 1일 나이지리아는 마침내 영국의 보호령British Protectorate이 되었다. 1914년 영국은 라고스와 영국 보호령을 나이지리아 식민지 보호령the Colony and Protectorate of Nigeria으로 통합한 후, 행정상의 편의를 위해 보호령을 북부 주와 남부 주 그리고 라고스 식민지 등의 행정 분할을 통해 통치했다.

이 무렵 서구식 교육과 경제 발전은 북부의 하우사 지역보다 남부의 이보족과 요루바족 지역에서 훨씬 빠르게 진행되었다. 특히 서구식 교육의 도입은 기독교 선교사들에 의해 19세기에 가속화되었으며, 이로 인한 갈등과 충돌이 곳곳에서 발생했다. 예를 들어, 하우사족 출신의 알리유 단 시디Aliyu dan Sidi는 구전 문학의 전통을 담은 시를 통해 기독교 선교를 강하게 비판한 반면, 요루바족 출신의 파구나D. O. Faguna와 아이작 델라노Isaac Delano는 요루바 전래 민담 형식을 차용한 소설을 통해 기독교 교육과 선교를 홍보하고 서구 사상을 받아들여야 한다고 주장하고 있다.

나이지리아 근대 문학의 시작과 치누아 아체베

근대 문학으로서 나이지리아의 소설 문학은 1930년경에 발전했다. 고대부터 전해 내려온 강한 구전 문화 예술 전통에 뿌리를 둔 전설 혹은 전래 서사와 인간과 요정의 환상적이고 환상적인 캐릭터를 중심으로 한 이른바 하우사 소설 문학은 신비스러운 등장인물이 다른 존재로 변신하거나, 요정과 동물 그리고 인간 모두와 대화와 이야기를 나누는 식의 서사 문학을 발전시켰다. 이와 같은 환상 서사 기반의 문학예술은 오늘날 나이지리아 놀리우드 영화의 서사 문법과 양식에도 큰 영향을 미쳐 매년 많은 편수의 판타지 서사 영화가 이른바 놀리우드 에픽 무비epic movie의 이름으로 양산되고 있으며, 특히 나이지리아 북부의 하우사의 전통과 문화의 중심지인 카두나 시를 중심으로 하우사족의 문화와 풍습을 담은 이른바 캐니우드Kannywood 영화라 불리는 하우사어 영화들이 적극적으로 제작되고 있다.[3)]

판타지 차원의 예술에서 리얼리즘으로의 예술 스타일의 주요 변화의 태동은 1948년 나이지리아 최초의 대학 가운데 하나인 요루바 지역의 이바단 대학교Ibadan University 설립에 영향받은 바 크다. 특히, 투투올라에 의해 비롯된 영어권 서아프리카 근대 문학은 1950년대 후반 아체베에 의해 완성되었으며 소잉카에 이르러 세계적 수준으로 발돋움했다 (장태상, 41-86).

나이지리아 문학의 양대 산맥을 이루는 요루바족 출신의 월레 소

---

3) *BBC Hausa*. "Kannywood" 참조.
http://www.bbc.com/hausa/topics/2c1768f1-4f46-4cad- 8b85-38ceb898dfe3.

잉카와 이보족 출신의 치누아 아체베Chinua Achebe는 1952년에 이 대학을 함께 졸업했다. 대학이 설립되고 나서, 근대 서구적 전통의 대학 교육과 문화를 기반으로 한 콘퍼런스, 저널 및 신문은 리얼리즘으로의 전환을 촉구하면서 새로운 문학 스타일에 대한 요구가 제기되어 나왔다. 이들은, 현실과 동떨어진 동물과 인간 사이의 대화와 같은 요소는 과감히 생략하고 요정을 제거한 채, 종교와 노동, 부패와 정의와 같은 보편적이고 구체적인 현실의 주제를 다루면서 이른바 눈으로 볼 수 있는 것들을 다루는 이야기와 주제를 리얼리즘을 토대로 다루기 시작했다.

이를테면 치누아 아체베의 경우, 1958년 자신의 첫 번째 소설『모든 것이 무너지다』를 통해 유럽 선교사들이 이보족 마을로 들어오면서부터 시작된 이보족 마을의 비극적인 붕괴를 상세히 묘사하고 있다. 소설은 이보족이 사는 한 마을의 비극을 다룬다. 아체베의 소설은 식민지 아프리카 역사와 이러한 식민주의 역사에 수반된 결코 양립할 수 없는 비극적인 이보족의 삶, 나이지리아인의 삶, 나아가 아프리카인의 삶을 보여주는데, 하나는 식민지 지배자가 가져다준 아프리카인의 수치스러운 삶이며, 다른 하나는 말 그대로 식민 통치 이후의 도덕적 부패함 바로 그것이다. 역사적 리얼리즘의 맥락에서 아체베의 문학은 19세기 말 이보족 마을을 무대로 나이지리아의 아름다움, 힘, 전통적 삶의 정당성, 변화의 파괴적이고 분열적인 속성을 힘 있게 그려내면서 이야기를 근대 나이지리아의 자화상을 넘어 궁극에는 비극적인 아프리카의 자화상으로 승화시키고 있다. 아체베는 식민지 시절 이전의 전통과 과거로 돌아가자고 호소하지 않는다. 제국주의자가 식민지에 자행한 야만성과 멸시를 한탄하면서도, 그러한 변화는 불가피한 것이며 현명한 사람은 스스로 변화에 순응하고 화해를 모색해야 한다는 점을 제시한다. 그 과정에서 완강히 저항하다 파괴되는 자는 다름 아닌 완고한 보수주의자임을 보여주는 것도 잊지 않는다.

아체베의 첫 소설 『모든 것이 부서지다』는 영국이 나이지리아에 발을 들일 때부터 본격적인 식민지 통치를 실행하면서 나이지리아가 처하게 되는 식민지 상황을 보여주면서, 아프리카와 유럽이 조우함으로써 생기는 비극적인 결과를 일관성 있게 다루고 있다. 소설은 19세기 말 이보 사회를 생생하고 인상 깊게 그려낸다. 인생에 많은 것을 이룩했지만 마을에 기독교가 들어와 이보족 전통사회를 점차 잠식해 들어오는 데 반대하는 마을의 정신적 지도자 오비 오콘코의 몰락을 묘사하면서 두 문화의 충돌로 인한 비극적인 결과를 그려낸다.

오비 오콘코는 챔피언 레슬러이자 부유한 농부이다. 그는 세 명의 아내를 둔 남편이자 마을 부족의 제례 의식을 담당하도록 선택된 에구구egwugwu 가운데 한 명이다. 그러나 이보족 마을의 평화와 질서는 백인과 그들의 종교의 등장과 함께 무참히 깨지고 만다. 더욱 강력한 외부 세계로부터 유래된 문화의 등장과 함께 전통사회의 가치는 산산이 부서지고 마는 것이다. 오콘코는 식민주의와 함께 들어온 변화를 받아들이기가 어렵다. 결국 좌절에 빠진 그는 영국인이 고용한 흑인을 죽이고 자살한다. 그는 결국 오랫동안 자신이 지켜온 전통에 반하는 죄를 짓고 마는 비극적인 최후를 맞이한다.

그의 두 번째 소설 『더 이상 평안은 없다』(1960)는 나이지리아가 영국으로부터 독립하기 직전을 배경으로 하면서 이보족 마을 오콘코 집안의 손자 이야기를 들려준다. 오콘코의 손자는 1950년대 영국으로 유학하고 돌아와 귀국 후에 공무원이 된다. 소설은 손자가 유학 시절 체득한 영국의 개인주의와 특혜를 바라는 고향 마을 사람들의 이해관계가 서로 충돌하는 장면을 다룬다. 작품은 기독교인으로 성장하여 영국의 대학에서 교육을 받고 돌아온 뒤 고향 마을을 떠나 라고스시 공무원이 된 나이지리아 신세대가 겪는 궁핍과 곤경을 다룬다. 소설은 전통사회의 뿌리와 단절된 채 서구에서 교육을 받은 뒤 귀국하여 낡은 전통사회의 관습과 새로움 사이의 이해 충돌 사이에 무기력하게 갇힌 젊은 나이지리아 세대를 긴 플래시백을 사용하면서 섬세하고 세밀하게 나이지리아 전체 사회 계층의 사고방식과 태도를 다룬다.

그의 세 번째 소설 『신의 화살』(1964)은 직접 통치에서 간접 통치로 바뀐 나이지리아 식민지 지배 상황을 복잡하고 다층적으로 세밀하게 다룬 소설이다. 소설은 몇십 년 전으로 거슬러 올라가 부족의 정신적 지도자를 주인공으로 내세워 정신적 지도자 자신의 힘과 영국인 행정관 사이에서 그 누구도 이해하지 못하는 서로 간의 결속을 다지려고 애쓰는 모습을 그린다. 그가 가장 최근에 쓴 소설 가운데 하나인 『사바나의 개미 언덕』(1987)은 서아프리카의 과거로 퇴보한 여러모로 실제 나이지리아의 역사를 닮은 가상의 국가 캉안을 역사적 배경으로 한다. 소설은 식민지 시대 이후의 나이지리아에 대한 아체베의 실제 경험, 특히 군부 주도의 쿠데타 역사와 실패한 공약들, 비아프라 내전과 같은 역사적 갈등과 미래에 대한 비전을 담고 있다.

특히 이 작품은 세 명의 서로 다른 화자를 통해 동일 사건에 대한 서로 다른 시각을 담은 이야기를 풀어내면서 역사의 진실이 무엇인지 객관적으로 탐구한다. 따라서 소설은 세심한 역사적 탐구 행위처럼 무게감 있는 증언과 진술을 담고 있다. 아체베는 역사는 단순히 과거에 일어난 사건과 정보의 조합 이상의 것을 담고 있어서 복잡하다는 것을 여러 겹의 서사 층위 구성을 통해 보여준다.

소설은 국가를 위해 헌신하려는 청운의 꿈을 품고 아프리카에서 영국으로 유학한 세 명의 주인공, 샘, 이켐 오소디 그리고 크리스 오리고 세 사람의 이야기를 다룬다. 유학을 마치고 귀국한 뒤에 샘은 군인이 되고, 이켐은 신문사 편집장, 그리고 크리스는 공보처 장관이 되어 있고, 이들의 관계는 샘이 쿠데타를 통해 권력을 장악하게 되면서 뒤틀리고 만다. 소설은 캉안 정부와 복잡하게 연루된 크리스, 이켐, 베아트리스 세 친구의 경험을 통해 식민주의 시대 이후의 자치 정부 구성을 위한 캉안의 투쟁을 묘사한다. 이켐과 크리스는 캉안의 미래에 대해 걱정하지만, 이들의 우려에도 불구하고, 정세는 점점 암울해져 가고, 급박한 상황 속에서 이들은 더는 친구가 아니다. 어느 날 이켐은 샘의 눈엣가시가 되어 편집장 자리에서 물러나게 되고, 정부는 그가 대학생들 앞에서 한 강연의 발언을 문제 삼아 그에게 죄를 뒤집어씌운다. 한밤중에 집에서 군인들에 의해 끌려간 이켐은 다시는 돌아오지 못한다. 동료이자 친구를 잃은 크리스를 비롯해 그를 사랑하고 따르던 사람들은 슬픔을 극복하고 각자의 자리에서 용기 있게 싸움을 전개해 나간다.

아체베의 소설은 나이지리아에서 자행된 영국의 식민주의가 공식적으로 끝나고 신생 독립국으로서 새롭게 출범했더라도 자국 내 모든 적폐와의 단절이 얼마나 힘들고 고단한 일인지를 잘 보여준다. 소설은 시대가 바뀌고 식민주의가 공식적으로 종식되고 새 정부가 들어섰음에도 식민지 시절 자행되던 태도의 본질이 여전히 남아있음을 잘 보여준다. 나이지리아의 새로운 지도자들은 그들 자기 자신이 사실은 유럽 문화의 유산이자 산물이기 때문에 지배자의 철학과 삶의 방식을 그대로 반복되고 지속된다는 점을 보여준다.

작품 속의 주인공 이켐, 크리스, 샘 그리고 베아트리스는 모두 영국 학교에서 교육을 받았으며 그래서 그들의 생활과 철학은 자신들이 교육받은 영국의 그것에 따른 것이다. 이러한 캐릭터들의 흠 잡을 데 없는 영어를 통해, 아체베는 그들이 가진 영국적인 배경을 미묘하게 강조한다. 이들 인물의 유럽과의 연관성은 결과적으로 이들에게 어떤 존경심을 가져다주고 이에 따라 식민지 시절 영국이 정부와 일반 국민 사이에 설정해놓은 차이를 그대로 유지하게 한다. 영국과의 관련은 단순히 교육에서 끝나지 않는다. 식민 통치가 끝났더라도 뒤를 이어 새로 출범한 신생 국가 행정부의 흑인 엘리트들 또한 식민지 시절 영국의 방식을 모방하기 때문이다.

아체베는 식민 통치자였던 영국인의 삶의 방식과 태도를 모방한 인물인 이켐, 크리스를 죽게 함으로써 외견상 작가 자신과 거리를 두게 한다. 샘의 죽음은 사람들이 전체주의를 용인하지 않음을 암시하지만, 사람들의 새 지도자를 상징하는 크리스와 이켐의 죽음은 나이지리아가 아직 민주주의의 준비가 덜 되었음을 시사한다. 결과적으로 세 건의 죽음은 퇴행적 캉안의 정치적 카오스를 반영한다. 작품은 식민주의 이후 쿠데타를 통해 권력을 장악한 독재자로 인해 암울한 정치적 상황에 직면한 나이지리아의 위기, 혹은 아프리카의 위기를 세밀하게 묘사해 내고 있다. 이런 점에서 아체베의 소설은 고난과 역경의 터널을 지나온 나이지리아 근대사의 축도라 할 수 있다. 현대 아프리카 문학의 아버지라 불리는 아체베는 2013년 83세를 일기로 타계했다.

나이지리아의 독립과 연방 공화국 출범

제2차 세계대전 이후 나이지리아 민족주의의 성장과 독립 요구는 치열하게 전개된다. 1949년부터 나이지리아는 신흥 노동 계급과 비즈니스 계급 그리고 엘리트 계급을 중심으로 식민지 해방과 독립 그리고 근대화 세 가지를 추진하기 시작했다. 영국은 제2차 세계대전을 거치면서 극도의 정치적 경제적 피로에 휩싸인다. 설상가상 국내는 경제 불황에 접어들게 되면서 나이지리아를 유지비가 많이 드는 제국의 식민지로 간주하여 식민지 정부에 정치적 경제적 독립을 허용한다. 그 결과 식민지 나이지리아는 영국 정부가 제정한 이른바 맥퍼슨 헌법에 기초하여 1954년 10월 1일에 나이지리아 자치 연방이 되었고, 1960년 10월 1일 마침내 영국으로부터 독립하였으며, 1963년 정식으로 나이지리아 연방 공화국을 수립하였다.

영국이 만든 연방 헌법의 주요 골자는 식민지 시절 행정 분할한 세 지역의 지방 정부와 중앙 정부의 권력을 분할하는 연방 체제를 갖추는 것이며, 이 헌법을 토대로 영국으로부터 독립 절차를 밟는 과정에서 자자 와추쿠Jaja Wachuku가 영국의 프레드릭 멧칼프 경Sir Frederick Metcalfe의 뒤를 이어 1959년부터 1960년까지 나이지리아인 최초의 의회 의장을 역임했다. 의회 대표로서 와추쿠는 1960년 10월 1일 나이지리아 독립 기념식에서 영국 여왕을 대표해서 참석한 알렉산드라 공주로부터 나이지리아의 독립 선언서Instrument of Independence를 정식으로 받음으로써 마침내 완전한 나이지리아의 독립이 성사된다(Kingdoms of Nigeria 2020). 알렉산드라 공주는 이틀 뒤인 10월 3일 개원된 첫 나이지리아 의회에도 참석했다(Panton, 38).

나이지리아 연방 정부는 국방, 대외 관계, 경제 및 재정 정책에 대한 권한을 부여받았지만 입법은 양원제 의회, 행정은 총리와 내각 그리고 사법권은 연방 대법원에 각각 권한이 부여되었다. 이와 같은 연방 체제의 편제 출범하에 3개의 정당이 생겨났으며, 정당의 경우 대체로 자신들의 출신 지역과 종족을 대표했다. 이를테면 나이지리아 북부의 경우, 소코토의 사르다우나(왕세자)로 불리는 아마두 벨로Ahmadu Bello가 이끄는 나이지리아 인민 진보당(NPC, Nigerian People's Congress)이 나이지리아 북부의 무슬림 지역을 장악하면서, 보수 무슬림 하우사족과 풀라니족의 이익을 대표했다(Kingdoms of Nigeria 2020).

북부 지역은 나이지리아 전 국토 면적의 3/4을 아우르면서 나이지리아 인구의 절반 이상을 차지했다. 이런 이유로 북부 나이지리아는 독립 전후 시기부터 연방 정부를 장악할 수 있었다. 남부 기독교계 이보족의 경우, 1960년 첫 나이지리아인 총독에 임명된 남디 아지키웨Nnamdi Azikiwe가 이끄는 나이지리아 카메룬 국가 평의회(NCNC, National Council of Nigeria and the Cameroons)가 나이지리아 남동부 지역을 장악했으며, 서부 요루바족 지역의 경우 오바페미 아월로오Obafemi Awolowo 장군이 끄는 좌익 진보 계열의 행동 그룹(AG, Action Group)이 나이지리아 남서부 지역을 대표했다(Kingdoms of Nigeria 2020).

이들 주요 정당은 경제 분야의 엘리트 통합과 현지 동원에 주도적인 역할을 했다. 특히 각 지역의 지방 의회에서 다수당 출신의 엘리트들은 여당과의 협력을 통해 폭넓은 경제적 보상과 제재를 동시에 가함으로써 자신들의 지위와 권력을 유지하고 일반 대중을 수하에 둘 수 있었다. 특히 이들은 정부 행정 기관 및 공기업 자리부터 각종 인허가권, 예를 들어 시장 소매업, 농산물 수출 그리고 심지어 기업 활동과 관련한 각종 인허가권과 도로, 전기, 상수도 설치 인허가권을 쥐고 흔들면서 자신들의 지지자에게 일종의 장학금을 챙겨주었으며, 정당의 경우 은행의 협조를 받아 상당한 양의 공공 자금을 당으로 이전받기도 했다. 심지어 나이지리아 북부의 경우 지방 의회와 관할 행정 기관, 경찰, 법원 등의 제도 기관의 광범위한 통제력을 사용하여 다른 지역 출신의 소수 세력의 반발을 잠재웠다.

나이지리아는 영국으로부터 독립을 쟁취한 후 NCNC와 NPC의 보수 동맹을 통해 초대 정부가 수립된다. 독립 당시에는 나이지리아 북부 소코토Sokoto 왕국의 왕자이자 북부 나이지리아의 실질적인 권력자로 활약하던 아마두 벨로가 연방 정부의 초대 국무총리가 될 것으로 모두가 예상했지만, 벨로는 나이지리아 북부 주 총리와 NPC의 당 대표로 그대로 남기로 한다. 그 대신 나이지리아 연방 정부의 초대 총리로 아부바카르 타파와 발레와Sir Abubakar Tafawa Balewa가 지명되고, 초대 대통령으로는 이보족을 대표하는 정당인 NCNC의 남디 아지키웨가 지명되면서 나이지리아 연방 공화국은 정식으로 출범하게 된다. 아지키웨는 1960년 1월 나이지리아 상원 의장을 역임하고 그해 11월 제임스 로버트슨 총독 후임으로 나이지리아인으로서는 처음으로 총독의 자리에 오른다.

1963년 10월 드디어 나이지리아 연방 공화국Federal Republic of Nigeria

이 공포되고, 나이지리아 민족주의의 아버지라 불리는 이보족 출신의 남디 아지키웨가 드디어 연방 공화국의 초대 대통령으로 정식 취임한다. 그러나 아지키웨가 이끄는 초대 연방 정부는 출범 초기부터 남부와 북부 사이의 극심한 경제 사회적 불균형과 종족 간의 극심한 갈등을 풀기에는 역부족이었다. 여기에는 지역 간 문화적 종교적 차이도 한몫했다. 특히 하우사(북부인), 이보(동부인), 그리고 요루바(서부인) 사이의 갈등이 격화하면서, 결국 영국으로부터 독립한 지 6년 만인 1966년 초대 연방 정부는 군사 쿠데타로 무너지고 만다.

군부 쿠데타와 군사 정부의 출현

요루바족의 본거지인 나이지리아 남서부 지역인 이른바 요루바 랜드를 기반으로 한 정당인 AG는 카리스마 넘치는 아월로오가 당을 이끌었다. 그런데 1962년 아킨톨라Ladoke Akintola가 나이지리아 서부 주 총리로 선출된 뒤 AG 내에 새로운 파벌이 형성되면서 아킨톨라 지방 정부 총리와 AG 대표인 아월로오 사이의 불화가 심화한다. 결국 이들의 갈등으로 나이지리아 서부 지역은 마비되다시피 하면서 중앙 정부는 현지에 계엄령을 선포하여 10개월간 지역을 통제하기에 이른다. 게다가 이를 빌미 삼아 연방 정부는 1962년 아월로오를 비롯한 요루바족 정치인들을 반역죄로 기소하여 15년 형을 선고해버리고 만다.

이러한 사건 이전에 아킨톨라 측은 이보족의 NCNC가 집권 연립 내각에 참여하고 있지만, AG는 그렇지 않다는 점을 들어 요루바족이 이보족과 비교해 나이지리아 내에서 불이익을 당하고 있다고 정부 측에 이의를 제기해왔다. 발레와 총리는 아킨톨라 측의 주장을 일리가 있는 것으로 받아들여 AG가 정부 내각에 참여하도록 조치한다. 그런데 아월로오의 당 지도부가 아킨톨라로부터 나이지리아 서부 주 총리직을 박탈하고 그 자리에 자신의 지지자를 앉혔다. 그러자 아킨톨라 지지자들이 서부 주 의회 의사당에 모여 폭동을 일으키고 양측 지지자들 사이에 격렬한 싸움과 폭동이 발생하게 된다. 이처럼 나이지리아 서부 지방에서 시작된 폭력 사태 등으로 무정부 상황이 계속되자 발레와 연방 총리는 나이지리아 서부 지역에 계엄령을 선포하고 아월로오와 그의 당원들을 체포하여 반역죄로 기소해버리고 만 것이다.

우여곡절 끝에 아킨톨라는 나이지리아 서부 지역 연립 정부의 수반으로 임명되었지만, AG는 요루바족의 거점 지역에 국한된 지역 야당으로 전락하면서 정당의 역할과 입지가 대폭 축소되고 만다. 게다가 아킨톨라가 만든 친정부 성향의 나이지리아 국민 민주당(NNDP)이 1965년 총선에서 요루바 지역에서 AG를 누르고 승리를 거두는 사건 아닌 이변이 일어난다. NNDP는 아킨톨라가 서부 요루바 지역에서 아월로오가 이끄는 AG에 대항하기 위해 만든 친정부 성향의 정당이었다. 이 때문에 극심한 혼란이 계속되면서 국가가 내전 상태로 내몰리게 된다. 특히 야당 격인 AG의 지도자 아월로오가 아무 근거 없이 구속되고 제1당인 북부의 NPC와 요루바 신당인 NNDP가 결탁하여 보수 연합을 구축하자, 이에 맞서 이보족의 NCNC는 AG와 진보 연합을 결성하여 이에 대항했다. 그런데 총선 개표 과정에서 AG의 텃밭이자 심장부인 서부 요루바 지역에서 여당 격인 NNDP 대표가 당선되었다는 부정 선거 의혹 때문에 격렬한 폭동이 잇달아 발생하면서 정국 대혼란이 발생하게 된 것이다.

이로 인해 두 건의 쿠데타가 연달아 발생했다. 먼저 1966년 1월 15일에 일단의 나이지리아 남동부 이보족 출신의 젊은 육군 장교들이 카두나, 이바단, 라고스 등지에서 동시다발로 쿠데타를 일으켜 연방 총리뿐만 아니라 북부 나이지리아주 그리고 서부 나이지리아주 총리를 살해하면서 정부 전복을 시도했다. 이들은 NPC-NNDP 연립 정부를 무너뜨리기 위해 아부바카르 발레와 연방 정부 총리 및 아마두 벨로 나이지리아 북부 주 총리와 아킨톨라 서부 주 총리 등을 잇달아 암살하면서 쿠데타를 일으킨 것이다(Siollun, 237).

그러자 이들이 쿠데타가 발생한 지 이틀 만에 이보족 출신의 존슨 아구이-이론시 장군이 이끄는 또 다른 역쿠데타가 일어나 이들을 제압하고 새로운 권력으로 부상하면서 실권을 장악하고 헌법을 정지하였다. 그 후 군정을 수립한 뒤 각 지역에 군부를 설치하면서 나이지리아는 독립 후 연방 정부를 출범시킨 지 불과 3년 만에 군사 정부 시대가 시작되었다. 당시 사건을 전한 국내 언론 보도 내용이다.

> 나이지리아 육군 총사령관 아구이-이론시 장군은 1966년 1월 16일 밤 나이지리아 헌법 기능의 대부분을 정지시키고 법과 질서를 유지하기 위해 과도 군사 정부를 수립했다고 발표하면서, 연방 대통령, 수상, 각 지방 수상의 직위를 폐지한다고 말했다. 정부에 충성하는 「나이지리아」 육군은 지난 15일 일찍이 육군의 일부 반란 장교들이 쿠데타를 일으킨 뒤에 정권을 인수했다고 「런던」에 들어온 보도들이 16일 말했다. 그 소요와 폭동은 지난해 10월의 선거 결과 때문에 발생했었다. 서부 주 수상

아킨톨라는 15일 이바단의 그의 사무실 책상에서 총탄에 맞아 죽었으며 북부 주 수상 아마두 벨로와 그의 아내는 이미 14일에 반란군에 총살당했다. (중앙일보 1966)

이론시 정부는 1966년 5월 24일 칙령 34호 공포를 통해 지역 연방 구조를 없애고 국호를 나이지리아 공화국Republic of Nigeria으로 선포했다. 분열을 지양하고 국가 통합을 도모한다는 목적에서 칙령을 발표했지만, 나이지리아 지역 간 종족 갈등을 잠재우면서 모든 종족 분파의 이해관계를 담은 헌법을 수립하는 것은 애초부터 불가능에 가까웠다. 결국 칙령 34호는 이론시 군사 정권에 치명적으로 작용했다. 나이지리아 독립 이후 연방 정부가 조직 근간을 이루고 있는 연방 구조를 없애는 칙령 발표에 나이지리아 북부 지역에서 폭동이 발생하는 등 정국의 긴장이 더욱 고조되었다. 이보족의 득세를 두려워했던 북부 사람들은 1966년 7월 대규모 소요 사태를 일으키고 많은 북부 도시에서 정치적 분열 양상이 지속되는 가운데 폭도들의 이보족 집단 학살이 자행되면서 나이지리아 최대의 비극이 싹트게 된다.

비아프라 내전

이론시는 1966년 7월 29일 야쿠부 고원Yakubu Gowon이 주도한 쿠데타로 암살당하면서 이론시 정부는 무너지고 야쿠부 고원이 이끄는 군부 정권이 또다시 들어서게 된다. 결국 나이지리아 연방 공화국의 국호는

1966년 8월 31일 되찾는다. 그러나 북부에서는 대학살극이 발생하여 수천 명에 이르는 이보족 출신 사람이 살해당하고 수십만 명이 나이지리아 동남부로 피신하였으며, 하우사 사람들 또한 동부 지역에서 살해당하는 사태가 발생한다. 결국 나이지리아 동남부에서 강력한 분리주의 운동이 싹트게 되면서 나이지리아 전국은 내전의 위기에 처한다.

나이지리아의 네 개 지방 정부는 한자리에 모여 연방 정부와 협상을 통해 사태의 해결을 모색했으나 오히려 상황은 급속도로 악화하면서 나이지리아 동부 지역 군정 지사이자 이보족 분리주의 지도자로 급부상한 에메카 오주쿠Emeka Ojukwu 중령은 이보족 사태의 심각성을 깨닫지 못한 책임을 야쿠부 고원 중령에게 물으면서 동부 지역에 모든 비 동부 지역민의 출입을 제한한다. 그러자 야쿠부 고원 군사 정부는 이보족의 격렬한 자치 요구에 맞서 나이지리아의 4개 지역을 12개 주로 분할하는 행정 개편을 단행하면서, 특히 이보족의 거점인 동부 지역을 남동부 주, 리버스 주, 동부 중앙 주 등 세 주로 분할하였다. 이에 따라, 동부 중앙 주에 주로 몰려 있던 이보족은 석유 매장 지역인 나머지 두 개 주에 대한 통제권을 상실할 위기에 처했다. 이보족은 즉각 군사 정부의 행정 분할 조치를 단호히 거부하고 동부 지역의 완전한 자치를 거듭 요구했다. 오주쿠는 야쿠부 고원이 이보족의 분열을 획책하고 있다는 두려움 때문에, 동부 나이지리아 자문의회 결정에 따라 1967년 5월 30일 비아프라 공화국을 선포했다. 비아프라 공화국의 이름은 나이지리아 동남부 해안 이름인 비아프라 해안(보니 해안Bight of Bonny)에서 비롯된 것이다.

이후 나이지리아 정세는 급속히 내전으로 확대되고 만다. 이후 비아프라 내전은 당시 미국과 소련 등의 강대국들이 자국 이해에 따라 동

내전에 개입함으로써 국제 분쟁의 양상으로 발전된다. 연방 정부는 비아프라 지역으로 오가는 모든 물자의 통행금지 조치를 내리는 한편, 1967년 7월 6일 마침내 나이지리아 연방군의 선제공격으로 물리적인 전쟁이 시작되었다. 비아프라의 분리를 막기 위해 전쟁도 불사한 것이다.

내란의 근본 원인을 거슬러 올라가자면 1914년 영국이 종교와 문화에서 완전히 다른 북부 나이지리아와 남부 나이지리아를 나이지리아 식민지 보호령으로 한데 병합한 데서 찾을 수 있다. 이후, 나이지리아 동남부 델타 지역을 중심으로 석유가 발견되면서 이슬람 문화권의 북부와 기독교 기반의 남부 사이의 경제적 격차가 발생하면서 이것이 종교적, 문화적, 정치적 갈등과 한데 엮여 마침내 내전으로 폭발하고 만 것이다.

비아프라는 전쟁 초기부터 매우 불리한 상황에 부닥치게 되면서 일방적인 상황이 연출되었다. 탄자니아·가봉·코트디부아르·잠비아·아이티 등 5개국만이 신생 국가의 탄생을 인정했지만, 연방 정부는 영국·미국·소련 등 강대국의 지원을 받았다. 막상 전쟁이 시작되자 유전에 대한 이권을 노리던 프랑스 등이 비아프라에 군수 물품을 지원했지만, 이미 1937년부터 석유 메이저인 셸-BP 등을 통해 나이지리아 석유 산업에 막대한 영향을 갖고 있던 영국과 아프리카에 영향력 확대를 희망하던 소련 등은 나이지리아 연방 정부에 막대한 군사 지원을 함으로써 사실상 전쟁의 결과를 결정짓는 역할과 기능을 담당하였다. 그럼으로써 니제르 델타 지역 유전 지대 이권 장악이 군사 행동의 최종 목적이 되어버렸다(Ekwe-Ekwe, 19-20).

1967년 10월 초에 연방군은 비아프라의 수도 에누구Enugu를 점령했지만, 전쟁은 1970년까지 지속되었고 비아프라의 항복을 받아내고자 연방 정부의 지역 봉쇄 작전은 계속되었다. 이로 인해 전쟁 사상자와 기아로 굶어 죽어가는 사람들의 숫자는 기하급수로 늘어갔다. 비아프라 난민 긴급 구호를 위해 세계 각지의 수많은 의사, 간호사 등의 자원 봉사자와 내전의 위기 속에서 연방 정부의 무자비한 태도에 항의하기 위한 지식인들이 목숨을 걸고 전장으로 달려왔다.4)

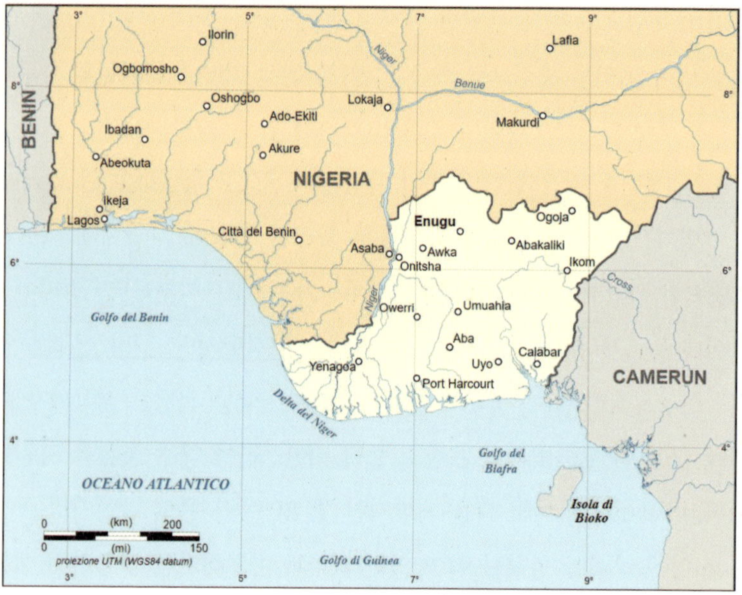

1967년 6월 비아프라 공화국 독립 선언 당시의 나이지리아 (출처: 위키미디어 커먼스, URL: https://commons.wikimedia.org/wiki/File:Biafra_independent_state_map-en.svg)

4) 당시 프랑스 적십자 소속 자원봉사 의사로 나이지리아 남부의 비아프라 내전 당시 주민들을 대상으로 구호활동을 벌이던 베르나르 쿠시네와 막스 레카미에 등은 비아프라에서의 경험을 바탕으로 1971년 의학 관련 잡지 『토누스』 소속 언론인이었던 레이몬드 보렐과 필립 베르니에 등과 함께 국경 없는 의사회를 조직했다. 「국경 없는 의사회의 시작」 참조. http://www.msf.or.kr/founding-msf.

그중의 한 명이 다름 아닌 1986년 아프리카 흑인 최초로 노벨 문학상을 받은 바 있는 월레 소잉카였다. 소잉카는 1966년 1월, 내전이 임박했다는 위기 상황과 우려 속에 소잉카는 평화를 호소하고 내전을 중단하기 위해 비아프라군 캠프를 방문하여 오주쿠를 만난 뒤, 연방 정부에 체포되어 반정부 행위를 했다는 이유로 제대로 된 재판도 없이 22개월간 투옥되고 말았으며, 이후 영국 · 미국 · 프랑스를 오가며 망명 생활을 했다. 1969년 내전이 막바지로 치달을 때, 국제 사면 위원회와 세계 문인들의 구명운동으로 풀려나왔고, 그는 두려운 독방 감금 경험을 바탕으로 시집 『지하실의 방추』(1971)를 통해 3년간의 내전과 전투로 죽은 수천 명의 원혼을 노래했다. 여기에는 자신과 같은 요루바 인이 전쟁에서 자행한 이보인 학살도 포함된다. 이후 그는 감옥 생활을 소재로 한 소설 『죽은 사람』(1973) 그리고 독재를 비판한 『혼돈의 계절』(1973)을 연달아 발표하여 불의와 독재에 항거하는 시인이자 사회 비평가로서 면모를 유감없이 드러냈다.

전쟁 막바지인 1969년 12월 23일 연방군은 대폭 증가한 영국의 군사 지원하에 총공세에 나섰다. 마침내 에메카 오주쿠는 1970년 1월 11일에 나이지리아를 떠나 코트디부아르로 망명하였고, 그해 1월 14일 라고스를 방문한 비아프라 대표단은 공식적으로 항복 문서에 서명함으로써 비아프라 공화국의 존재를 종식했다(Venter, 255). 당시 연방 정부군 측 대표는 이후 두 차례 대통령을 역임한 올루세군 오바산조 대령이었다.

비아프라 내전은 민간인 450만 명이 집을 잃고, 200만 명 이상의 아사자를 초래한 사상 최악의 전쟁이었다. 아사자 대부분은 어린아이였다(권홍우 2017). 내전 종식 후, 특별 연방 기관들이 구호에 투입되고 내전으로 찢어진 지역 복구에 힘썼지만, 내전의 상흔은 여전히 지워지지 않고 남아있다.

내전 종식과 군사 독재의 지속

내전 종식 후 이보인들은 타 종족들과 별다른 갈등 없이 나이지리아 국민으로 다시 받아들여졌다. 군사 정부는 효율적이지도 역동적이지도 않았지만 별다른 갈등 없이 군정을 지속했다. 그러나 야쿠부 고원은 내전 종식 후 국민 지도자로 부상하면서 연방 정부는 경제 발전에 역량을 쏟아부을 수 있었다. 내전을 겪으면서 나이지리아 경제는 기대 이상으로 발전하였지만, 인플레이션의 위기와 부채, 지나친 국방 예산, 정부 행정 등이 항상 문제로 작용했다. 석유 산업은 기대 이상으로 성장하면서, 특히, 1973~1974년 유가 상승으로 나이지리아의 외환 보유고와 정부 수익은 급팽창했다. 이를 통해, 석유로 벌어들인 정부 수입은 국방 지출과 사회복지 지출 충당에 큰 힘이 되었다. 국민 총생산 대비 연방 정부 지출은 1962년 9%에서 1979년 44%로 증가했지만 1988년에는 17%로 다시 감소하는 등 정부 지출의 변동 폭은 매우 컸다. 특히 1967년부터 1970년 사이에 일어난 비아프라 내전의 여파로 공공 지출의 중앙 정부 집중화 현상은 한층 심화하였다. 1970년대의 오일 파동에 따른 유가 인상과 석유 수출 증가에 따른 중앙 정부의 세입 증가는 이 같은 집중화 현상 및 중앙 정부의 권한 강화에 한몫했지만, 그런데도 정부의 경제 행정 능력을 끌어올리는 데는 거의 도움이 되지 못했다는 것이 한계였다.

나이지리아 남부 델타 연안에서 석유가 발견된 것은 독립 이전인 1950년대였다. 석유 발견은 나이지리아의 경제 사회적 측면에서 일대 변혁을 가져왔다. 석유가 발견되자마자 그 즉시 석유로 벌어들이는 수입은 나이지리아의 주요 국가 수입원으로 자리 잡으면서 나이지리아를 일약 아프리카의 부국 가운데 하나로 자리매김하게 했다. 때마침 1973년 중동 시나이반도와 골란고원 등에서 이스라엘과 이집트 주도의 중동 아랍국가 연합 사이에 벌어진 10월 전쟁(욤키푸르 전쟁Yom Kipur War)의 여파로 이른바 중동 석유 파동이 일어나면서 유가가 배럴당 3달러에서 12달러로 급등하는 가운데 나이지리아는 막대한 재정적 이득을 누릴 수 있었다.[5] 설상가상 1979년 이란-이라크 전쟁으로 인해 유가가 배럴당 19달러로 급등하면서 나이지리아는 그해에만 24억 달러의 석유 수입을 거두어들이는 등, 나이지리아는 그해 일약 세계 6위의 석유 생산국으로 올라설 수 있었다.

나이지리아는 내전을 치르면서 높아진 국가적 자존심과 반독재 감정이 한데 섞이면서, 아프리카와 세계정세 모두에서 더욱 주도적인 역할을 담당하고자 하는 의지를 갖게 되었다. 때마침 국내적으로는 영국이 갖는 문화적 영향은 여전히 강했지만 정치적 영향이 점차 줄어드는 추세였다. 나이지리아는 소련이 내전 동안 나이지리아를 지원한 것에 감사를 표했지만, 소련은 어떤 개입도 시도하지 않았다. 미국과의 관계

5) 전쟁은 아랍연맹군이 유대교에서 가장 신성시 하는 날인 이른바 욤 키푸르 기념일에 이스라엘 점령지를 기습 공격하면서 일어났다. 전쟁은 이집트군이 수에즈 운하를 넘어 시나이반도를 공격하고 시리아군은 골란고원을 기습하면서 시작되었다.

는 내전이 진행되는 동안 냉랭했지만, 내전 종식 후 조금씩 관계 개선은 이루어졌다.

그러나 내전을 겪으면서 성장한 나이지리아 군대는 군사 정권의 토대이기도 했지만 동시에 위협 요소이기도 했다. 결국, 1975년 7월 29일 무르탈라 모하메드 장군과 그의 지지 세력이 주도한 무혈 쿠데타가 또다시 일어나기에 이른다. 이들이 일으킨 쿠데타의 사유는 야쿠부 고원이 이끄는 군사 정권의 부정부패와 민정 이양 지연 때문이었다. 쿠데타의 주역인 모하메드 장군은 수천 명의 민간 공무원을 교체하고 1979년 10월 1일까지 민정 이양을 완수하겠다는 계획을 발표했다. 그러나 그 자신도 이듬해 일어난 쿠데타로 1976년 2월 13일 암살당했다. 결국 쿠데타는 실패로 끝나고 모하메드의 후임으로 올루세군 오바산조가 실권을 장악했다.

오바산조의 권력 이양 약속에 따라, 1977년 제헌 국회가 열린 뒤, 마침내 1978년 9월 21일에 새로운 헌법이 제정되고 정치 활동 금지가 해제되었다. 1979년 5개의 정당으로 선거를 치른 가운데 나이지리아 국가 당(NPN)의 알하지 셰후 샤가리Alhaji Shehu Shagari가 대통령으로 당선되면서 드디어 13년간의 군부 독재가 끝나고 제2공화국 시대(1979~1983)가 열렸다(Falola & Heaton, 201).

그러나 1983년 8월 총선에서 샤가리Shagari와 NPN은 압도적인 승리로 국회와 12개 주 정부를 장악할 수 있었지만, 선거 자체가 폭력과 부정 투표로 얼룩지면서, 급기야 부정부패와 도덕성 타락 그리고 경제 실정을 빌미로 1983년 12월 31일에 군부의 무하마두 부하리Muhammadu Buhari 소장이 주도하는 군부 쿠데타가 또다시 발생했다. 이로 인해 비교적 민주적인 선거를 통해 수립된 제2공화국과 다당제 민주주의는 또 한 번의 군사 쿠데타로 한순간에 무너지면서 나이지리아는 또다시 무하마두 부하리, 이브라힘 바방기다, 사니 아바차로 이어지는 15년간의 군사 정부 시대를 맞이하게 된다(Falola & Heaton, 208).

군사 쿠데타로 권력을 잡은 무하마두 부하리는 새로운 통치 기구인 최고 군사 위원회(SMC)의 지도자로 급부상했다. 그러나 부하리도 얼마 가지 못하고 1985년 8월 SMC의 권력 서열 3위인 이브라힘 바방기다 Ibrahim Babangida의 무혈 쿠데타에 무너지면서 권좌에서 물러났다. 바방기다는 권력 남용, SMC 핵심 장교들의 인권 침해 그리고 국가 경제 위기에 대한 정부의 실패 등을 정권 이양의 정당성으로 들었다. 대통령에 취임하자마자 바방기다(1985~1993)는 언론의 자유를 회복하고 정치범 수용자들의 조건 없는 석방을 단행하기도 한다. 그는 또한 15개월간의 비상 경제 계획의 일환으로 군인, 경찰, 공무원 및 민간 부문에 대한 임금 삭감을 발표하면서 경제 개혁 제시 및 회복 조치에 관한 전국 토론회를 열어 의사 결정에 대중 참여를 장려하려는 의지를 보여주기도 했다 (Falola & Heaton, 216-224).

1980년대 나이지리아가 갖는 경제 상황의 주요 특징은 1970년대와 마찬가지로 연방 정부의 전체 수입의 77%가 석유 수출일 정도로 심각한 석유 의존형 경제 구조에 있었다. 그러나 1980년대의 유가 하락에 기인한 오일 쇼크와 외환 위기 및 장기 경제 불황의 여파로 나이지리아의 1인당 국민 소득은 1980년부터 1987년까지 무려 4.8% 이상 감소할 정도로 그 충격은 상당했다. 이에 따라 세계은행은 1978년도 세계 개발 보고서World Development Report에서 사상 처음으로 나이지리아를 저소득 국가로 분류하기에 이른다(1987년 자료 기준).

이 시기 나이지리아의 심각한 경제 상황은 1989년 세계은행이 나이지리아를 방글라데시, 에티오피아, 차드, 말리 같은 국가들과 같은 등급에서 국제 개발 협회(IDA)의 양허 자금을 받을 자격이 충분할 만큼 빈곤하다고 선언한 데서 잘 나타난다. 게다가 1970년대 후반과 1980년대 초반의 거의 붕괴에 가까운 심각한 경제 불황에 따라 국내의 종족·지역 간 갈등도 심각했지만, 내국인과 외국인 사이의 갈등과 불만도 날로 심각해지면서 1985년 기준으로 200만 명 이상의 가나·니제르·카메룬·차드 등 대부분 나이지리아 인접 국가 출신의 불법 체류자를 추방하라는 정치적 압박이 거세게 불기도 했다. 이 같은 궁핍한 경제 상황에 대한 불만은 결국 쿠데타 시도로 표출되었다. 급기야 1990년 4월에 중견 장교들이 바방기다 정부를 전복시키려는 또 다른 쿠데타가 발생했으나, 결국 무위로 끝나고, 주모자 기드온 오카Gideon Orkar를 비롯한 41명은 모두 처형되었다.

바방기다는 1991년 12월 12일 나이지리아의 행정 수도를 라고스에서 현재의 아부자로 옮겼다. 아부자는 연방 수도 내 여섯 개의 행정 권역(아바지, 아부자, 바리, 과괄라다, 쿠제, 콰리) 가운데 실질적인 행정 수도 역할을 담당하며, 연방 수도 천도 계획은 국가의 허브 역할을 하면서 다양한 문화를 가진 연방국의 통일과 위대함을 상징하고 반영하는 연방 행정 수도로서 1976년 처음 계획된 것이다. 이를 위해 연방 수도(FCT, Federal Capital Territory)를 위한 연방 수도청(FCTA, Federal Capital Territory Administration)뿐만 아니라 별도의 산하 기관으로 연방 수도의 기획, 설계, 개발 및 건설을 담당할 연방 수도 개발국(FCDA, Federal Capital Development

Authority)을 설치하여 1979년 마침내 연방 수도를 위한 도시 계획 전반의 마스터플랜을 완성했다(Ikoku 2004).

바방기다는 1990년까지 정권을 민간 이양하겠다고 약속했지만, 그 후로도 1993년 1월까지 약속은 지켜지지 않고 미뤄졌다. 바방기다는 1989년 봄에 정치 활동을 다시 허용하고 그해 10월에 NRC(National Republican Convention)와 SDP(Social Democratic Party) 두 정당 설립을 허용하면서 이외에 다른 정당은 등록할 수 없게 했다. 대통령 선거는 1993년 6월 12일에 마침내 실시되었다. 대부분 관측통이 나이지리아 역사상 가장 공정한 선거로 여긴 대통령 선거에서, SDP의 대선 후보로 나온 부유한 요루바 사업가 아비올라M. K. O. Abiola가 당시 30개 주 가운데 19개 주에서 이기면서 NRC의 후보 바쉬르 토파Bashir Tofa를 누르고 결정적인 승리를 거뒀다고 예측하였다. 그러나 6월 23일 바방기다는 여러 건의 소송을 빌미로 선거를 무효로 만들고 나이지리아를 혼란에 빠뜨렸다(Falola & Heaton, 227).

결국 정국 혼란으로 100명 이상이 목숨을 잃은 가운데 바방기다는 1993년 8월 27일 어네스트 쇼네칸Ernest Shonekan 총리에게 권력을 넘겨주고 자리에서 물러났다. 당시 쇼네칸은 서방 채권국과 국가 부채 청산 협상을 벌이고 있었지만, 이들은 6월 대선 무효를 문제 삼아 나이지리아에 경제 제재를 가하고 있던 상황이어서 나이지리아의 대내외 경제 상황과 정국은 최악으로 치닫고 있었다. 쇼네칸의 임기는 1994년 2월 선거 때까지였다. 그는 1993년부터 바방기다의 과도 평의회Transitional Council를 이끌었지만 곳곳에 산재한 나이지리아의 경제 문제를 역전 시키거나 정치적 긴장을 풀기에는 너무나도 역부족이었다.

결국 나이지리아가 다시 혼란에 빠지면서 사니 아바차Sani Abacha 국방 장관은 1993년 11월 17일에 쇼네칸의 사임을 강요하고 나서면서 또 다른 군부 통치의 시대를 열었다(Falola & Heaton, 229-234). 아바차는 모든 민주 기관을 해산시키고 선출된 기관장을 군 장성으로 교체하기에 이른다. 아바차는 민간 권력 이양의 약속을 했지만 끝내 1995년까지 예정된 정권 이양의 타임 테이블 발표를 거부하는 등 군부 독재의 길을 택한다. 1993년 6월 12일에 있었던 대선 결과 무효화 사태 이후, 미국을 비롯한 서방 국가는 나이지리아 정부 관료의 여행을 제한하고, 무기 판매 및 군사 지원을 중단하는 등 나이지리아에 대해 다각적인 제재 조치를 취하였다. 이후 나이지리아가 반 마약 정책에 대한 완전 인증에도 실패하자 추가 제재 등 일련의 조처를 하는 등 나이지리아에 대한 국제적인 압박의 수위를 높였다.

사니 아바차는 처음에는 많은 국민이 환영했지만, 재야와 국민 사이에서 그의 군부 독재에 대한 정치적 실망도 급속히 커졌다. 야당 지도자들은 국회 상원과 모든 해산된 민주 기관 재건 목적으로 국민 민주 연합(NADECO, National Democratic Coalition)을 결성했다. 1994년 6월 11일 아비올라Moshood Kashimawo Olawale Abiola는 대선 승리를 선언하고 도피에 들어갔지만, 6월 23일 체포되었다. 나이지리아 석유 노조는 아바차 정부에 아비올라의 즉각적인 석방과 권력 이양을 요구하며 파업을 벌였다. 다른 노조들도 파업에 동참하면서 당시 나이지리아 수도 라고스Lagos 일대와 남서부 지역의 경제 활동이 사실상 마비되기에 이른다. 우여곡절 끝에 7월에 노조 주도의 대규모 파업이 멈추었지만, 연방 정부가 아비올라의 석방에 조건을 내걸자, 나이지리아 노동총회(NLC, National

Labour Congress)는 그해 8월 재차 총파업을 검토하기에 이른다.

1994년 8월 17일 연방 정부는 NLC와 석유 노조의 지도부를 해임하고 노조를 정부 임명 행정관 아래에 두는 초강수를 쓴 가운데, 프랭크 코코리Frank Kokori를 비롯한 주요 노조 지도자 체포를 전격 단행했다. 나아가 1995년 초에는 군 장교와 민간인이 쿠데타 계획을 공모했다는 의혹을 빌미로 오바산조 진 대통령과 부통령 세후 무사 아라두아Shehu Musa Yar'Adua 장군 등이 연루된 쿠데타 공모자 명단을 근거로 이들 대부분을 비밀 재판을 거쳐 유죄 판결을 단행하고 일부는 사형에 처했다.

이와 같은 아바차 군부 독재와 부패에 저항한 대표적인 인물 가운데에는 나이지리아 남부의 대표적인 유전 지대인 니제르 델타 지역을 중심으로 저항 활동을 펼친 켄 사로위와Ken Saro-Wiwa도 있다. 사로위와는 1994년에 니제르 델타주 오고니 마을 출신으로 유전 개발과 기름 오염으로 황폐해진 니제르 델타 지역의 소수 민족인 오고니족 생존 운동(MOSOP)을 통해 오고니족의 인권과 환경을 위해 투쟁해왔다. 연방 정부와 석유 메이저 회사들은 이런 그를 제거하기 위해 오고니 마을 정치인 4명에게 살해 교사 혐의를 씌워 불법 재판을 진행하기 위해 특별 재판소를 열었다. 니제르 델타는 나이지리아의 대표적인 유전 지대이다. 그러나 원유 수출의 90%를 차지하는 석유 개발 과정에서 이들 소수 부족 원주민들에게 돌아오는 것은 황폐해진 땅과 환경 재앙 그리고 중앙 정부 탄압으로 인한 생존권 위협이다.

나이지리아의 역대 군부 정권들은 석유가 재정 수입의 80%를 차지하는 까닭에 지금까지도 다국적 석유 회사들의 개발과 환경 파괴를 방치해 오고 있다. 당시 사로위와 및 그의 동료들은 오고니족의 생존권을 위해 다국적 석유 회사에 막대한 수입 일부를 환경 보호 분담금으로 내놓을 것을 요구해왔고 아울러 정부에 오고니족의 자결권을 요구해왔다. 이 운동은 국제 사회의 광범한 관심과 지지를 불러일으켰다. 사로위와는 국제 사면 기구인 앰네스티 인터내셔널에 의해 1994년 양심수로 규정됐으며 2005년 4월에는 한국의 최열 환경운동연합 사무총장 등과 함께 국제적인 민간 환경상인 골드만상의 수상자로 결정된 바 있다(환경운동연합 1995).

그러나 아바차 군사 정권은 사로위와 및 그의 동료들에게 오히려 엉뚱한 살해 교사 누명을 씌워 이들을 구속하고, 재판을 통해 사로위와를 포함하여 9명에게 사형선고를 내리고는 1995년 11월 10일 집행했지만, 아바차 정권의 인권과 정의를 무시하는 무자비한 군부 독재는 국제적인 공분에 기름을 부었다(Falola & Heaton, 232). 아바차는 1995년 10월 1일 정권의 민간 이양에 대한 3년에 걸친 전환 일정을 발표했지만, 또다시 1997년 12월 20일 올라디포 디아Oladipo Diya 장군과 10명의 장교 그리고 민간인 8명을 쿠데타 혐의로 체포하고 이들을 군사 재판에 넘긴 뒤 사형을 집행했다. 아바차는 연방 보안 체제를 통해 연설, 집회, 결사, 여행의 자유를 침해하고 폭력을 자행하는 등 수많은 인권을 유린하여 국내외적으로 엄청난 비난을 받았다.

사실, 아바차의 군 경력과 정치 경력은 쿠데타로 점철되어 있다. 나이지리아 역사상 성공한 대부분의 쿠데타에 주역으로 참여하고 있으며, 이런 점에서 그는 나이지리아군 역사상 가장 성공적인 군사 쿠데타 기획자이기도 했다. 그는 이론시가 주도한 1966년 7월 쿠데타 때는 카두나 제3대대 중위 계급 신분으로 쿠데타 기획 단계부터 참여했다. 그는 또한 무하마두 부하리가 주도한 1983년 쿠데타에도 참여한 동시에 부하리를 권좌에서 물러나게 한 1985년 쿠데타에도 참여한 바 있다. 나이지리아 사상 최악의 군부 독재로 국내외로 악명을 떨치던 아바차의 철권통치는 그러나 1998년 6월 8일 대통령궁에서 심장마비로 갑작스럽게 사망하면서 막을 내리게 된다. 그의 사망과 관련하여 논란의 소지가 있는 가운데 일부 언론에서는 독살로 인한 사망을 보도하기도 했다(Weiner 1998).

사니 아바차의 갑작스러운 사망 후, 압둘살라미 아부바카르(1998~1999)가 정권을 이어받았다. 아부바카르 정부의 군사 임시 통치 위원회(PRC)는 아바차 정권하에서 쿠데타 혐의로 기소된 인사들의 형을 선고하는 한편 거의 모든 민간 정치범을 석방하고 공무원 임금 인상을 비롯한 제반 개혁을 단행했다. 1998년 8월 아부바카르는 지방 정부 의회, 주 의회 및 주지사, 국회 및 대통령 선거를 치르기 위해 독립국가 선거 관리 위원회를 지명했으며, 1999년 5월 5일에 새로운 헌법을 제정하여 다당제 선거를 치를 수 있도록 조치했다(Falola & Heaton, 234). 마침내 아부바카르에 의해 감옥에서 석방된 올루세군 오바산조는 대선 후보로 출마하여 승리를 거두게 된다.

군정 종식과 민주주의의 출현

나이지리아에 있어서 1999년 5월은 짧게는 16년 길게는 30년 이상 나이지리아를 괴롭힌 군정의 종식과 민주주의의 출현을 의미한다. 나이지리아는 1960년 오랜 투쟁 끝에 영국의 식민 통치를 끝내고 독립을 쟁취한 뒤 마침내 1963년 연방 공화국을 출범시켰지만, 불과 3년 만에 군부 통치의 나락에 빠지고 만다.

내전과 거듭된 군부 쿠데타로 매우 어려운 세월을 보낸 뒤 오바산조 정부가 직면한 나이지리아의 상황은 결코 녹록한 상황이 아니었다. 올루세군 오바산조는 경제 침체와 민주제도의 악화로 인해 커다란 어려움을 겪고 있는 나라를 물려받았지만, 전직 장군 출신으로서 오바산조는 아바차 독재 정권 반대, 1979년 연방 정부를 민간 통치로 복귀시킨 경력 그리고 종교와 관계없이 모든 나이지리아인을 대표하겠다는 공약으로 유권자들의 신임을 얻었다. 그렇지만 새 정부가 인수한 국가는 이미 작동 불능 상태에 빠진 관료 제도와 붕괴한 기반 시설, 그리고 타성에 젖은 군대였다.

오바산조 정부가 가장 먼저 한 일은 수백 명에 달하는 군 고위 장교를 전역 조치하고 인권 조사 위원회를 설치한 일이었다. 그는 아무런 혐의 없이 구속된 무수히 많은 사람의 석방을 단행하고 부정부패 혐의가 많은 인허가 계약을 전면 폐지 조치했다. 특히 오바산조는 전면적인 반 부정부패 조치를 단행하여 부패한 공무원들을 구속기소하고, 2005년에는 세계은행의 협력하에 1993년부터 1998년 사이에 전임 독재자인 사니 아바차가 스위스 은행 비밀 계좌에 예치한 4억 5,800만 달러에 달하는 불법 자금을 회수하기도 했다.

이러한 반부패 조치 노력의 결과 나이지리아의 투명성 지수는 2001년 이후 꾸준히 개선되어 2007년 부패 인식 지수(CPI, Corruption Perceptions Index) 조사에서는 조사 대상 180개국 가운데 147위를 차지했으며, 그리고 2016년에는 28점을 기록하여 전체 136위로 상승하는 등, 민주 정부 수립 이후 국가 청렴도 지표는 계속해서 개선되고 있는 추세이다(Transparency International 2020).

또한, 인권과 언론의 자유도 오바산조 정부(1999~2007)하에서 현저히 개선되었다. 그러나 나이지리아에서 민주주의가 점차 가시화됨에 따라 예산 관련한 부처 간 갈등과 연방 정부와 주정부 사이의 마찰도 상대적으로 증가했다. 특히 지역 공동체 내부의 폭력은 시작부터 오바산조 정부를 괴롭혔다. 오바산조 정부가 들어서고 나서 2011년까지 15,700명 이상이 지역 간, 정치적 혹은 종파적 폭력 사태로 목숨을 잃은 것으로 보도되었다(Human Rights Watch 2011). 1999년 5월, 카두나주 남부 자마Jama에서 신임 에미르Emir 임명 문제를 두고 100명이 넘는 사망자를 낸 폭력 사태는 대표적이다(Oluwajuyitan 2017). 1999년 11월에는 남부 바엘사주 오디Odi 마을에서 12명의 경찰이 지역 무장 단체에 살해당한 것에 대한 보복으로 군대를 동원하여 2,483명에 달하는 민간인을 살해한 사건도 발생한 바 있다(*The Cable* 2017).

2000년에는 카노, 아다마와, 곰베주 등을 포함한 나이지리아 북부 12개 주에 이른바 이슬람 샤리아Sharia 법을 기독교인을 포함한 모든 주민에게 적용하기로 하면서 종교 갈등이 격화하기 시작했다. 나이지리아의 북부 카두나에서는 샤리아 형법 도입을 두고 기독교도들이 일으킨 항의 시위로 촉발된 종파 간 폭력 사태로 적어도 2,000명 이상이 사망하는 불상사가 발생하기도 했다. 이로 인해 나이지리아 남동부에서는 수백 명의 북부 하우사족 출신 주민들이 보복 공격으로 살해되고, 이듬해 2001년 9월에는 나이지리아 중부 플라토주 수도인 조스Jos에서 종교 간 폭동으로 3,800명이 넘는 사람들이 목숨을 잃는 사건이 발생했다(Human Rights Watch 2011). 같은 해 10월에는 베누Benue, 타라바Taraba 및 나사라와Nasarawa 등을 비롯한 나이지리아 전역에서 폭력과 폭동으로 수백 명이 사망하고 수천 명의 난민이 발생하면서 종족 간 종교 갈등은 극단으로 치닫게 된다. 결국 2001년 10월 1일 오바산조 대통령은 지역 내 폭력 문제를 다루기 위해 국가 안전 위원회National Security Commission를 조직한다고 발표하기에 이른다.

오바산조는 2003년에 재선에 성공했다. 오바산조는 경제 성장과 정치 안정을 위한 토대를 마련하기 위해, 오랫동안 축적된 부족·종교 간 긴장 완화의 숙제를 푸는 것 외에도, 부패와 부실 경영뿐만 아니라 환율 하락 등의 대외적인 경제 문제로 채산성이 악화한 고질적인 나이지리아의 석유 의존 경제 구조를 재편하고 재건해야 하는 난제를 갖고 있었다. 그러나 나이지리아 동남부 니제르 델타 지역은 현재까지도 석유 시추에 따른 환경 파괴와 지역 내 빈곤에 기인한 역내 분쟁의 불씨가 남아 있는 실정이다(*Punch* 2017).

석유 산업이 촉발한 또 다른 주요 문제는 석유를 개인 용도로 또는 돈을 벌기 위한 목적으로 현지 주민들이 파이프라인을 뚫는 행위였다. 이와 같은 불법 행위로 인해 대규모 폭발과 사망 사고가 빈발했다. 1998년 10월 라고스 남동쪽 290km 떨어진 나이지리아 남부 니제르 델타주 제시Jesse에서 일어난 송유관 폭발사고로 약 1,100명의 사망자가 발생했다.[6] 2000년 7월에도 같은 지역의 송유관 폭발사고로 250명 이상이 목

6) 위키피디아 참조. "1998 Jesse pipeline explosion." https://en.wikipedia.org/wiki/1998_Jesse_pipeline_explosion.

숨을 잃기도 했다(*The Guardian* 2000). 2003년 6월에는 라고스 동쪽 450km 떨어진 아비아주 오니차-아마이 마을에서 벌어진 송유관 폭발로 100명 이상이 숨지는 사고가 발생했다(*The New Humanitarian* 2003). 이밖에 2004년 9월 라고스 근처에서 발생한 송유관 폭발사고로 60명 이상이 사망했으며, 2006년 5월에 발생한 사고에서는 150명 이상이 목숨을 잃는 등, 2000년대 초에만 2,000명 이상이 송유관 폭발사고로 목숨을 잃었으며, 이로 인해 아프리카 최대의 산유국임에도 불구하고, 송유관 불법 기름 탈취는 부패와 관리 부실, 인프라 부족 등의 문제와 함께 나이지리아의 기름 부족의 주요 원인 가운데 하나로 지목되었다(*BBC* 2006).

2007년 대선에서는 유세 과정에서 100명 이상의 사망자가 발생했다(*BBC* 2007). 선거는 부패와 폭력으로 많은 국내외 비난을 받았다. 선거를 코앞에 둔 2007년 4월 13일에는 새벽에 북부 나이지리아의 이슬람 사원에서 유력 종교 지도자가 총격 사건으로 사망하는 사건이 벌어지기도 했다. 새벽에 신원 미상의 두 인물이 나이지리아 북부 도시 카노에 있는 한 이슬람 사원을 급습하여 새벽 기도를 하던 이슬람 종교 지도자이자 현지 카노 유력 주정부 인사인 우스타즈 자파 아담과 그의 제자 한 명을 총격을 가해 살해하는 사건이 발생했다. 사건은 나이지리아 대선 투표가 있기 이틀 전에 발생한 일이라 매우 정치적으로 민감한 사안으로 받아들여지면서, 사건 직후 오바산조 대통령은 라디오 연설을 통해 "고위직에 있는 사람들"이 옹호하는 선거 사기와 폭력에 "단호하게" 대처할 것이라고 말했다. 그의 발언은 그의 현직 부통령이자 2007년 대선 후보로 나온 바 있는 아티쿠 아부바카르에 대한 경고로 해석되었다. 우여곡절 끝에 2007년 대선에서는 전국 나이지리아 인민당

(ANPP) 후보로 나온 군부 출신의 무하마두 부하리를 제치고 인민 민주당(PDP)의 우마루 야라두아Umaru Yar'Adua와 굿럭 조너선Goodluck Jonathan이 각각 부정 선거의 논란 끝에 차기 대통령과 부통령으로 선출되었다.

북부 카치나주 출신으로 1999~2007년 카치나주의 주지사로 재직한 바 있는 야라두아는 2007년 4월 21일 당시 여당인 국민 민주당 소속으로 대통령 선거에서 승리하여 5월 29일 대통령으로 취임하였다. 그는 야당의 부정 선거 논란 속에 취임한 데다가, 이슬람교도와 기독교도의 대립이 격화하여 어려움에 부닥친 가운데, 설상가상으로 신장과 심장의 건강 상태가 좋지 않았다. 그의 대통령직은 언론 보도처럼 신장과 심장병 치료 때문에 불확실성이 짙었다.

그는 2009년 11월 23일부터 사우디아라비아에 있는 한 병원에서 치료를 받기 시작했으나, 기독교도인 굿럭 조너선 부통령에게 권한을 이양하지 않아 문제가 되었다. 그는 사우디로 건너가 치료를 받는 동안 무려 50일 이상 행정부와 소통하지 않아 그가 죽었다는 소문이 파다하게 돌기도 했다. 이 같은 소문 때문에 급기야 BBC가 사우디아라비아에 있는 대통령 병상 인터뷰를 방송하기도 했지만 불안감은 가시지 않았다.

결국 2010년 2월 9일 의회는 굿럭 조너선 부통령이 대통령 권한을 대행할 것을 의결했고, 야라두아 대통령은 끝내 회복하지 못하고 그해 5월 5일 사망하였다. 하우사-풀라니 출신 배경은 야라두아에게 나이지리아의 북부를 중심으로 탄탄한 정치 기반을 제공했지만, 이와 달리 남부 출신의 조너선은 북부 지역에서 군부 쿠데타와 지역 봉기의 표적이 되었다. 사니 아바차 정권 시절부터 극심했던 경제 침체와 불황을 극복하고 자원 소비와 석유 수출 증가로 나이지리아의 국내 총생산(GDP)과 인간 개발 지수(HDI)는 괄목할 만한 증가를 이루었지만, 국민 대다수가 하루 미화 2달러 미만으로 살아가는 등 여전히 빈부 격차는 오늘날에도 여전히 풀기 어려운 숙제이다.

특히 서양식 교육은 죄악이라는 기치 아래 2002년 나이지리아 북동부 지역에서 조직되어 2009년부터 본격적으로 테러를 일삼기 시작한 이슬람 극단주의 테러리스트 단체 보코하람은 조너선 정부가 쉽게 풀기 힘든 난제 중의 난제였다. 2002년에 수니파 무슬림 성직자 모하메드 유수프Mohammed Yusuf가 북동부 보르노주의 주도인 마이두구리Maiduguri에 이슬람 사원과 기숙학교를 포함한 종교 교육 시설을 설립하면서 시작된 보코하람은 서양식 교육에 대하여 반대하는 태도를 보이면서 보코하람Boko Haram이라 불리게 되었다. 하우사어와 아랍어의 합성어인 보코하람은 서구 교육을 금한다는 뜻을 가지고 있다(Boyle 2009).

보코하람은 무슬림 신도들을 타락시킨다는 명분 아래 서구와 연계된 제반 정치적 사회적 활동 참여, 선거와 투표, 셔츠나 바지 착용, (여성의) 교육 활동 일체를 금지하면서, 초기에는 나이지리아와 인근의 니제르 · 차드 · 카메룬 등지에서 온 수많은 가난한 무슬림 아이들을 받아들였다. 보코하람의 정치적 목표는 이슬람 율법인 샤리아Sharia를 채택한 이슬람 국가를 건설하는 것이었으며, 이슬람 기숙학교는 결과적으로 자신들의 이슬람 성전을 위한 투쟁 인력 양성과 교육의 토대로 활용되었다. 2009년에 보코하람은 마이두구리의 경찰서와 정부 건물들을 연이어서 공격하면서 본격적으로 테러 활동에 나섰다. 이로 인해 마이두구리 시내에서 총격전이 벌어져 수백 명의 보코하람 지지자들이 사살되고 수천 명의 시민이 도시를 피해 떠나가는 사건이 발생하였다. 결국, 나이지리아 당국에 의해 보코하람 본부가 진압되고 우두머리 격인 유수프는 처형되어 보코하람의 반란이 종식된 것으로 여겨졌다. 그러나 보코하람은 새로운 리더인 아부바카르 세카우Abubakar Shekau의 지휘 아래 도리어 테러 활동이 더욱 대담해져서 나이지리아 북부 바우치주의 감옥을 습격해서 700명이 넘는 죄수를 탈출시키기도 하며(김지은 2015), 교회와 버스 터미널 및 각종 상업 시설 그리고 심지어 군 시설과 공항 시설 등 가리지 않고 폭탄 테러를 감행하기도 하였다(*Al Jazeera* 2013). 심지어 보코하람은 2011년 5월 조너선 대통령 당선 축하 연설 시간에 맞추어 나이지리아 북부 바우치주와 보르노주의 마이두구리 그리고 수도 아부자에 있는 유엔 본부 건물에 폭탄 테러를 감행하기도 했다(*Vanguard* 2011).

이처럼 나이지리아 북동부 지역을 중심으로 극심하게 전개되고 있는 보코하람의 테러가 갖는 심각성을 뒤늦게나마 깨달은 조너선 대통령은 2013년 5월 나이지리아 북동부의 보르노, 요베, 아다마와 3개 주에 대해 비상사태를 선포했지만, 이미 테러의 사태와 전개 양상은 손쓸 수 없을 정도로 심각해져 있었다(*Telegraph* 2013). 나이지리아 출신으로 노벨 문학상을 받은 바 있는 월레 소잉카는 보코하람에 대응하기 위해 새로운 리더십이 필요하다고 주장하기도 했다(*The Guardian* 2014). 미국은 보코하람이 알카에다와 같은 중동 이슬람 무장 세력과 연계를 강화하고 있다는 세계적 우려를 반영하듯, 2013년 11월 보코하람을 테러 조직으로 지정하였다(*BBC* 2013).

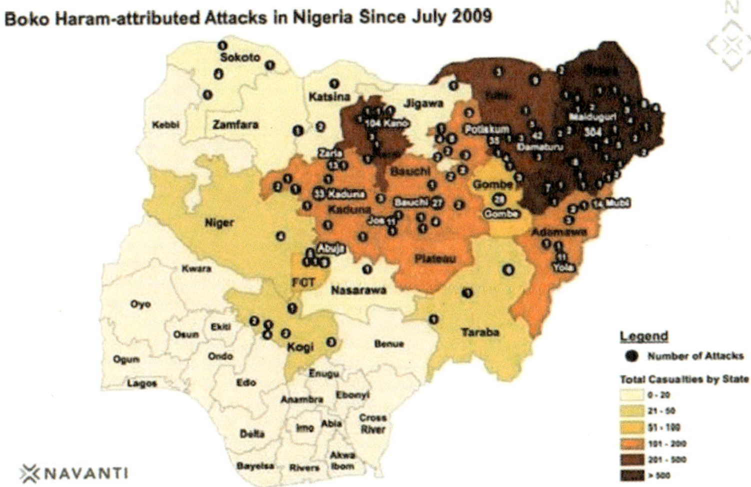

2009년 이후 나이지리아 보코하람 테러 발생 현황 (출처: *VOX* 2014, URL: https://www.vox.com/2014/5/13/5710484/boko-haram-maps-charts-nigeria)

결국 2015년 대통령 선거에서는 부패와 빈부 격차로 대표되는 대중의 경제 불안과 보코하람 테러 진압 실패 등이 주요 이슈가 되면서, 야당 후보로 출마한 북부 카치나 출신의 무하마두 부하리Muhammadu Buhari가 전임 군부 쿠데타 경력과 오명에도 불구하고 상대적으로 청렴성이 두드러지면서 현직 대통령을 200만 표 차로 누르고 신임 대통령으로 당선되었다. 부하리는 대선에서 민선 현직 대통령과 맞붙어 승리를 거두어 여야 정권 교체를 이룬 최초의 나이지리아 대통령이 된 것이다. 부하리는 2015년 5월 대선에서 승리하여 진임 행정부의 권력을 비교적 평화롭게 이어받은 후 2019년 재선에도 성공한 뒤 오늘에 이른다.

4

놀리우드 시네마:

나이지리아
영화 산업의
어제와 오늘

들어가는 글

나이지리아 영화 산업은 제작 편수 기준으로 인도의 볼리우드 영화 산업 다음으로 많은 편수의 영화를 만들고 있다. 일주일에 평균 약 50편의 영화가 제작·유통되면서, 영화 산업은 다방면에서 나이지리아 경제 발전에 많은 기여를 하고 있는 것으로 알려져 있다. 이른바 놀리우드Nollywood라고 불리는 현재의 나이지리아 대중 영화 산업의 시초는 1990년대 초로 거슬러 올라갈 수 있다. 당시 나이지리아는 정치적 불안정과 IMF, 세계은행에 의해 부과된 여러 경제 제재 조치의 여파로 심각한 어려움을 겪고 있던 시절이었다. 당연히 어려운 경제적 상황 때문에 셀룰로이드 필름 기반의 영화 제작은 언감생심 어려운 일이었고, 이 때문에 영화인들은 새로운 대안과 길을 모색해야 할 처지에 놓였다. 하지만 경제 수도 라고스를 기반으로 한, 성장과 부침을 거듭한 나이지리아 영화 산업은 제작 편수 기준으로 인도의 볼리우드 다음으로 영화를 많이 만들게 되면서 지금은 아프리카 역사상 가장 폭발적으로 번창한 대중문화 산업이자, 아프리카 최초이자 유일하게 경제적 자립을 할 수 있는 지속 가능한 산업으로 자리매김할 수 있게 되었다. 현재 놀리우드의 인기와 파급력은 아프리카 대륙을 넘어 유럽과 북미, 호주에 걸쳐 있는 아프리카 교민 공동체 사회까지 뻗어 있다.

1990년대 초 단순히 캠코더를 가지고 비디오를 촬영해 홈 무비를 만드는 수준에서 출발한 나이지리아의 놀리우드 영화 산업이 지금은 최신 디지털 테크놀로지를 기반으로 연간 2,000편 안팎의 작품을 제작해내는 수준이 되었으며, 비단 나이지리아 현지만이 아니라 전 세계 어느 지역이든 놀리우드 영화를 감상할 수 있는 초국가적인 글로벌 문화 현상으로 되어있다(Krings & Okome, 25).

1990년대 이후, 놀리우드 영화는 디지털 테크놀로지를 적극적으로 받아들여 소형 디지털카메라와 개인용 PC 편집 소프트웨어를 이용하여 DVD와 VCD로 제작한 후, 평균 개당 2달러 남짓한 가격으로 길거리 시네 클럽과 비디오방 등지에 팔려나간다. 영어는 기본이고 나이지리아 3대 현지 언어인 요루바어 · 이보어 · 하우사어로도 제작되는 놀리우드 영화는 평균 2만~7만 5천 달러 사이의 제작비를 가지고 공포 · 멜로드라마 · 코미디 · 액션 등의 장르 영화를 주로 만든다. 그러다 보니 저예산과 짧은 제작 기간의 특성상 좋지 않은 조명과 사운드를 동반한 어설픈 특수 효과와 영상 편집 등으로 영상 품질은 기대 이하의 수준이 대부분이다. 그런데도 놀리우드 영화는 나이지리아만이 아니라 해외에서 많은 인기를 끌고 있다. 놀리우드 영화가 가장 큰 인기를 끌고 있는 지역은 다름 아닌 나이지리아를 비롯한 아프리카 대륙이다. 수십 년간 수입 영화만 볼 수밖에 없던 아프리카 여러 국가의 관객들에게 아프리카 고유의 이야기와 인물이 등장하는 영화는 크게 어필하였고, 이런 점에서 아프리카 자생 영화 산업으로서 놀리우드 영화 발전은 의미 있는 일이 아닐 수 없다.

놀리우드 영화는 가나, 케냐, 탄자니아, 카메룬 등을 비롯하여 아프리카 전역에서 시청되며 이들 국가에서 영화 산업이 붐을 일으키는데 일조했다. 가나의 경우, 초기부터 나이지리아와 함께 비디오 영화의 중심으로 자리 잡으면서 계속해서 견실하게 영화 산업을 유지하고 있다. 놀리우드는 DR콩고 · 카메룬 · 에티오피아 · 잠비아 · 남아공 그리고 짐바브웨 등은 물론, 케냐의 리버우드, 우간다의 우가우드, 탄자니아의 봉고우드 등의 명칭에서 알 수 있는 것처럼 아프리카 각 나라의 현지 영화 산업이 자생적으로 성장하는 데 크게 기여했다. 예를 들어, 동아프리카에 있는 탄자니아의 경우, 놀리우드의 성장에 자극받아 자국의 영화 산업을 탄자니아의 옛 이름이자 별칭인 봉고를 사용하여 '봉고우드'라고 부르면서 대대적인 영화 산업 육성에 나섰다. 탄자니아의 영화 관객도 처음에는 외국산 놀리우드 영화를 보기 시작했다. 그렇지만, 2000년 초부터 현지 영화 제작업자들이 야심 차게 자체 비디오 영화를 만들기 시작하면서, 이제는 현지 자국만큼은 봉고우드 영화의 인기가 놀리우드 영화를 압도하는 수준에 이르게 된다(*The Conversation* 2015).

물론 나이지리아가 문화 예술 분야에서 세계적인 명성과 인기를 끌고 있는 것은 비단 놀리우드 영화뿐만이 아니다. 음악에서는 70년대 아프로 비트의 왕이라 불리는 펠라 쿠티의 명성에 뒤이어서 드반지 D'Banj와 피스퀘어P-Square 등이 아프로팝의 최전선에서 활약하고 있으며, 문학 분야에서는 월레 소잉카, 부치 에메체타, 치누아 아체베, 켄 사로위와 등의 뒤를 이어 가장 최근에는 벤 오쿠리, 헬론 하빌라, 치마만다 아디치에, 아요바미 아데바요 등이 세계적인 주목을 받고 있다.

놀리우드가 아프리카에서 인기를 끌고, 각국의 영화 발전에 공헌하고 있는 이유는 당연히 놀리우드 영화가 공유하고 있는 아프리카라는 공통되고 익숙한 문화적 신념, 생활 습관, 전통, 사회 문화 구조, 역사를 배경으로 하고 있기 때문이라고 말할 수 있다. 물론 아프리카라는 로케이션 공간과 캐릭터를 바탕으로 아프리카인으로서 관객이 똑같이 느끼는 공포와 꿈과 열망을 영화의 주제와 이야기로 다루고 있기 때문이기도 하지만, 사회경제적인 맥락에서 놀리우드는 기존의 셀룰로이드 영화가 할 수 없던 최악의 경제적 기술적 상황에서 성취 가능한 최선과 최적의 결과물이기 때문이다(Austen & Saul, 34).

놀리우드의 시작과 기원

1990년대 초 혹독한 경제 불황과 구조 조정의 시기에 누구나 먹고 살기 어려운 시절, 당시 라고스 시내 비디오 가게 세일즈맨으로 일하던 케네스 은네부Kenneth Nnebue는 가게 창고에 팔리지 않고 산더미처럼 쌓여 있던 비디오 공테이프를 제대로 처분하고 돈도 벌 목적으로 이를 활용하여 〈속박의 삶Living in Bondage〉(1992)이란 제목의 저예산 홈 무비를 캠코더로 찍었다. 줄거리는 매우 간단하다. 한 남자가 돈을 벌 요량으로 비밀스러운 주술을 벌여 아내를 희생 제물로 바쳐 살해하지만, 나중에 귀신이 되어 돌아와 괴롭히는 아내의 원혼으로 괴로워한다는 내용이다. 영화는 나이지리아 제일의 대도시 라고스를 배경으로 부도덕과 부패, 삼각관계와 가정불화 등의 여러 주제를 미신과 마술, 종교, 그리고 멜로드라마 등의 요소가 두루 섞여 있다. 뜻밖에도 영화는 아프리카 전역에 걸쳐 수백만 장 이상의 비디오로 팔리는 기대 이상의 대성공을 거두었다. 이후 이와 유사한 주제와 줄거리를 가진 비디오 모작이 셀 수 없이 양산되며 이른바 놀리우드 영화 산업의 탄생을 알렸다(Austen & Saul, 34).

젊은 시절의 케네스 은네부 (출처: Ken Nnebu: Father of Nollywood 2012, URL: http://bumculture.blogspot.com/2012/02/ken-nnebue-father-of-nolllywood.html)

놀리우드는 나이지리아의 비디오 영화 산업을 일컫는 표현이다. 엄밀한 의미에서 놀리우드가 나이지리아 영화 산업을 대표하는 개념인가 하는 부분에 대해서는 몇 가지 논란이 있을 수 있다. 북부 나이지리아의 카노에는 캐니우드Kannywood라고 불리는 하우사어 영화 산업이 발달해 있고, 나이지리아 남서부는 자신들의 영화를 이른바 '욜리우드'Yollywood라고 부를 정도의 요루바어 영화 산업이 별도로 존재하기 때문이다(Brown, 260). 그러나 작금의 놀리우드 영화가 나이지리아 남부에서 요루바어 또는 이보어로 된 비디오 영화에서 출발했고, 지금은 영어로 된 나이지리아 영화 산업을 지칭하는 개념이 된 것은 놀리우드 영화가 탄생한 후 불과 20년밖에 채 되지 않은 2009년 인도의 볼리우드에 이어 세계에서 두 번째로 많은 영화를 제작하는 거대 영화 산업으로 성장한 데 기인한 것일 수 있다. 애초에 놀리우드 영화는 비디오 영화로 출발했지만, 최근의 놀리우드 영화들은 그 수는 아직 작지만 점점 더 많은 영화가 멀티플렉스 상영관을 통해 배급되고 있고 이제는 아프리카 전역과 전 세계 아프리카 이주 문화 공동체를 하나의 영화 시장으로 아우르면서 그 유례를 찾아볼 수 없는 문화, 경제, 사회, 그리고 기술적 현상으로 부상했다.

나이지리아 영화를 이른바 놀리우드Nollywood로 처음 언급한 것으로 알려진 사람은 뉴욕타임스 기자인 오니시Norimitsu Onishi였다(Onishi 2002). 그가 나이지리아 영화와 관련한 언론 기사에서 처음 놀리우드라고 언급할 때, 그것은 주로 라고스, 오니차, 아사바, 에누구, 아바 등지에서 주로 영어로 제작 배급되는 나이지리아 영화와 관련한 일종의 시스템이었다. 나이지리아에서 라고스는 주로 요루바족 사람들이 사는 이른바 요루바랜드의 도시이자 나이지리아를 대표하는 경제 수도이다.

이에 비해 오니차, 아사바, 에누구, 아바는 나이지리아 동남부에 위치한 대표적인 이보족의 도시들이다. 이런 점에서 놀리우드 영화는 한편으로는 그 기원이 이보 영화이기도 하다. 실제로 놀리우드 영화 산업에 종사하는 영화 인력은 압도적으로 이보족 출신들이었다. 케네스 은네부의 〈속박의 삶〉을 비롯한 초기 놀리우드 영화들도 이보어로 제작된 것이다. 영어 버전의 놀리우드 영화는 1994년 이후가 되어서야 본격적으로 제작되기 시작하였고, 이때부터 이보어로 된 놀리우드 영화는 점차 줄어들고 영어 버전의 놀리우드 영화가 그 자리를 차지하기 시작하였다. 영어로 된 놀리우드 영화의 제작은 다양한 문화권의 나이지리아 남부 출신의 영화 인력을 흡수하면서 단순히 이보어 관객을 위한 기존 영화가 갖는 지역적인 한계와 차원을 넘어 보다 많은 관객을 흡수할 수 있는 영화의 세력 확장과 활로를 열어주고 있다.

그렇지만 놀리우드가 가리키는 곳이 정확히 어디인가 하는 질문에 대해서는 약간의 혼란이 있을 수 있다. 미국의 할리우드 혹은 한국의 충무로처럼, 지리적인 맥락에서 놀리우드의 위치를 꼭 집어 말할 수는 없다. 그럼에도 불구하고 산업 유통의 관점에서 놀리우드는 오늘날의 나이지리아의 경제 수도 라고스의 라고스 아일랜드에 있는 이두모타 시장Idumota Marktet과 알라바 시장일 수 있고, 기획 프로덕션의 관점에서 라고스 시내의 수루레레Surulere일 수도 있다. 이두모타 시장은 원래부터 라고스의 대표적인 유통의 중심지였다. 다른 한 곳은 라고스 서쪽 외곽의 베냉 방향으로 라고스-바다그리 고속도로에 형성된 알라바 국제 시장Alaba International Market이다. 지리적으로 알라바는 라고스의 중심가에서 벗어나 있으면서 베냉과 라고스의 중간 정도의 고속도로변에 위치해 발달했다. 이 때문에 알라바의 유통 경로는 두 군데이다. 하나는 정식 루트로서 라고스 아파파 항에서 들어오는 각종 정식 상품의 유통이고, 다른 하나는 비공식 루트로서 베냉 국경의 세메Seme를 통한 상품 유통이다. 말하자면 알라바는 공식과 비공식의 한가운데 놓여 있는 셈이다.

사실 나이지리아 영화 산업의 내수 근간은 알라바 국제 시장과 같은 노천 시장을 통한 영화 배급과 판매에 있었다. 일명 '마케터'라 불리는 일련의 상인 집단이 내수 배급을 지배하고 있으며, 이들 대부분은 이보족 출신이다. 이들은 1990년대 영어로 된 놀리우드 비디오 영화 제작과 노천 전자 상가를 통한 유통 배급을 주도했다(Miller, 36). 이러한 지리적 특성에 기반하여 자생적이고 즉흥적으로 발전한 알라바 국제 시장은 라고스의 대표적인 전자 상가로 부상하면서 대략 5만 개 정도의 가게가 포진하여 그 자체가 도시를 방불케 하는, 서아프리카 전자 제품 유통의 75% 정도를 담당할 정도로 성장했다. 전기 등의 도시 기반 시설이 부족한 관계로 알라바의 모든 상점과 가게는 자체 발전기를 갖고 있다. 그 때문에 세계에서 가장 높은 밀도의 발전기 보급률을 기록하고 있다. 이들 가게 상인들은 각자 자기들 나름의 거미줄 같은 통신 체계를 갖추었다. 휴대폰 등의 이동 통신을 위해 자체 전파 중계 탑도 갖고 있다. 현재는 주요 무역 거점으로 성장한 알라바의 상인들은 주변 지역을 개발하여 주차장, 행정 구역, 소방서, 발전소, 도서관까지 조성했다(Miller, 35). 알라바 시장은 그 자체가 라고스와 나이지리아의 축소판이자 놀리우드의 축소판이라 할 수 있다.

이에 비해, 라고스 시내에 있는 수루레레는 놀리우드 영화의 프로덕션과 포스트프로덕션의 본산이라 말할 수 있다. 라고스 시내에서도 비교적 조용한 주택가로 손꼽히는 이곳에 대부분의 영상 프로덕션 회사와 포스트프로덕션 회사들이 자리 잡고 있기 때문이다. 그러나 여전히 이곳이 놀리우드의 본산이라 부르기에는 너무나도 초라하다. 번쩍이는 영화 산업을 상징하는 화려한 프로덕션 스튜디오와 극장과 같은 가시적 맥락의 놀리우드는 적어도 나이지리아 영화 산업에서는 존재하지 않기 때문이다(Miller, 33). 그럼에도 불구하고, 나이지리아의 경제 수도 라고스가 놀리우드의 본거지이며 인구 2천 1백만 명이 넘는 아프리카의 메가시티라는 사실에는 변함이 없다.

영화의 도입, 아프리카 작가주의 영화 그리고 놀리우드

1903년 라고스에서 영화 상영이 있었다는 문헌상의 기록에서 보듯이, 나이지리아에서 영화의 시작과 기원은 매우 오래된 것이다. 기록상, 나이지리아 최초의 영화 상영은 1903년 8월 12일 라고스 소재 글로버 메모리얼 홀Glover Memorial Hall에서였다(Ayakoroma, 28). 영상물의 도입과 상영의 관점에서 나이지리아에 영화를 최초로 소개한 인물은 스페인 바르셀로나 출신의 발보아였으며, 이것은 당시 최초의 아프리카 출신 성공회 주교였던 사무엘 아자이 크로더의 손자이자 나이지리아 민족주의 아버지로 여겨지는 허버트 매콜리의 후원 때문이었다.

영화 홍보는 흥행을 위해 신문과 벽보를 통해 대대적으로 이루어졌고, 요금은 3실링이었다. 영화는 영국 에드워드 7세의 대관식 장면과 대관식에 참석한 요루바 왕국의 국왕과 증기선 그리고 곡예 공연 등의 장면을 담은 활동사진이었다. 1903년 9월 중순 라고스 상영을 마친 뒤 발보아는 서아프리카 등지를 돌며 계속해서 상영을 이어나갔다. 발보아가 흥행에 성공하자, 뒤를 이어 그해 11월에는 영국인 스탠리 존스가 같은 장소에서 영화 상영을 이어갔다. 그는 티켓 가격을 낮추고 현지어 자막을 넣는 등 대중 관객들의 눈높이를 맞추려고 애썼다(Layiwola, 227).

그러나 아프리카에서 영화는 시작부터 오로지 식민지 엘리트를 위한 것임은 부인할 수 없다. 라고스에 수입되어 상영된 영화 스크린 속의 장면들은 당연히 아프리카 현실과는 너무나도 동떨어진 서구의 것이었고 당연히 인종 차별적인 내용과 시각을 담은 것이기도 하였다. (최근까지만 해도) 나이지리아를 비롯한 식민지 독립 아프리카 국가에서 영화를 본다는 것 혹은 영화가 갖는 의미는 지역 내지는 일상 현실과는 사뭇 동떨어진 오로지 다른 세계와 저편에 관한 판타지의 영역에 속한 것이었다(Larkin, 124).

식민지 시대의 영화는 식민 통치의 도구였다. 영화는 제대로 된 극장이 세워지기 훨씬 오래전에도 도회지와 시골 마을의 강당과 학교 등에서 상영되었고 그 주된 목적은 교화와 계몽이었다. 말하자면 이동식 차량을 이용하여 지역 마을과 동네를 다니며 유럽에서 수입한 외국 영화를 보여주거나 식민지 자국서 만든 영화를 오로지 선전과 주민 계몽 혹은 기독교 선교의 목적으로 보여주는 식이다. 실제로 1929년에 아프리카에 페스트가 창궐하자 당시 영국 식민지인 라고스 보호령의 연방 보건부 윌리엄 셀러스 보건 국장은 역병을 옮기는 쥐잡기 운동과 관련한 주민 계몽과 교육 매체로서 영화를 활용하기도 하였다(Ayakoroma, 28).

기독교와 서구 문명은 아프리카 전통문화와 종교를 통제하는 강력한 무기로서, 영화는 이러한 식민지 종주국의 목표를 달성하는 데 매우 유용한 매체였다. 1939년 영국이 나이지리아 식민 보호령 산하에 영화영상국Colonial Film Units을 설치한 것도 이를테면 산모들의 병원 출산과 말라리아 예방 등과 같은 보건 위생을 포함한 교육 계도와 공익 목적이 주된 이유 중의 하나였으며, 이를 위해 영화 제작과 인력 양성을 지원하고 지역별 현지어로 영화를 제작하기도 했다. 하지만 이마저도 1950년대부터는 장편 영화 제작은 사실상 없다시피 했다(Miller, 72). 따라서 독립 이전의 초기 나이지리아 영화는 대부분 식민지 총독부의 후원으로 제작된 영화, 선교 목적의 영화 혹은 식민 통치에 해가 되지 않은 검열을 마친 상업 영화 정도였다(Ayakoroma, 29).

이런 상황에서 1960년대에 아프리카 국가들이 대거 독립한 이후의 아프리카 영화의 제작 기반과 여건은 너무나도 미약했다 할 수 있다. 열악한 환경의 아프리카의 영화는 기술과 예술뿐만 아니라 영화 산업 체계 전반에 걸쳐 모든 것이 부족하고 필요했지만, 그럼에도 불구하고, 아프리카 지식인들은 한정된 자원을 가지고도 독립 예술 영화를 만들기 시작했고, 이때부터 아프리카 영화는 문화 민족주의를 주창하기 위한 매체 도구로 쓰일 수가 있었다(Layiwola, 228).

해방 후 영화는 텔레비전과 더불어 근대화의 주요 도구로서 기능한다. 우선 이들은 해방 후 유럽인들이 남기고 간 낡은 영화 장비를 가지고 셀룰로이드 영화를 만들기 시작했다. 나이지리아의 경우, 1960년 영국으로부터 독립한 후, 문화 민족 이념에 따라 아프리카의 가치와 민족 이미지를 강화하고 보호하며 전파한다는 기치하에 연방 정부 내에 나이지리아 영화 공사Nigerian Film Corporation를 설립하였다. 그러나 독립 이전과 마찬가지로, 상업 영화 제작은 여전히 민간 영역의 몫으로 남아 있었다(Haynes, 31).

이에 비해, 프랑스로부터 독립한 불어권 아프리카 국가들의 경우, 1960년대 독립 이후에도 프랑스 영화 산업과 프랑스 정부의 지원을 받아 16mm 셀룰로이드 필름 영화를 제작할 수 있었다. 프랑스는 식민지 독립 이전에는 아프리카 식민지 내 영화 제작을 엄격히 제한했지만, 이들이 1960년대 독립 이후에는 아프리카 영화 지원을 계속해서 이어나갔다. 정책적으로 프랑스 정부 차원의 자금과 기술 및 배급 지원을 끊지 않은 것이다.

이들 불어권 서아프리카 국가들은 초기에는 뉴스 영화 또는 다큐멘터리 제작과 관련하여 지원을 받았지만, 점차 이러한 지원은 아트 시네마에 집중되었다. 이 때문에 대부분 프랑스로부터 독립한 불어권 아프리카 국가에서 제작된 영화들은 대중 기반의 상업 영화를 목표로 하기보다는 주로 프랑스 아트 시네마와 유사한 스타일과 정치적 주제를 담은 일종의 작가주의 영화를 목표로 하였으며, 이들 영화는 이를테면 아프리카의 삶을 보다 사실적으로 묘사하려는 시도가 주를 이루었다 (Miller, 73).

이들 영화들은 놀리우드 영화가 등장하기 전까지 아프리카 영화로서 국제적인 인지도를 유지하고 있었으며, 〈흑인 소녀Black Girl〉(1966)와 〈할라Xala〉 등을 만든 세네갈의 우스만 셈벤Ousmane Sembene과 〈오, 썬Soleil O〉(1969)을 감독한 모리타니아의 메드 혼도Med Hondo 등이 이른바 아프리카 작가주의 영화African Auteur Cinema의 대표들로 여겨졌다.

우스만 셈벤은 제2차 세계대전 발발 후 프랑스군에 징집되어 아프리카와 유럽에서 복무했으며 제대 후 프랑스에서 자동차 공장 등에서 일했으며 노동 운동에도 참여하였다. 셈벤은 1956년 자신의 첫 소설 『흑인 부두 노동자』로 문단에 데뷔하였고, 1960년 세네갈이 프랑스로부터 독립한 이후, 글을 읽고 쓸 줄 모르는 아프리카인의 계몽을 목적으로 모스크바 고리키 영화 스튜디오에서 영화를 배우기도 했다. 그는 처음엔 프랑스어로 영화를 만들었으며, 자신의 소설을 영화로 각색하는 등 식민지 독립 이후의 세네갈인의 삶의 일상과 현실을 영화로 담아내는 데 힘썼다. 셈벤은 첫 장편 영화 〈흑인 소녀〉를 만든 이후, 1963년부터 1977년까지 총 8편의 영화를 만들었다. 〈흑인 소녀〉는 더 나은 삶을 위해 세네갈의 수도 다카르 외곽의 빈민촌을 떠나 프랑스로 간 소녀의 절망과 비극을 그린 영화로서 사하라 이남 아프리카 최초의 장편 영화이기도 했다.

우스만 셈벤으로 대표되는 셀룰로이드 필름 기반의 아프리카 독립 영화는 대부분 불어권 서아프리카에서 그 명맥을 유지했다. 이들 영화는 1969년 부르키나파소의 수도 와가두구에서 처음 개최된 후 2년마다 열리는 범아프리카 영화제(FESPACO)가 주된 쇼케이스 무대였다(Kindem, 132). 이러한 이유로 서아프리카 부르키나파소의 수도 와가두구는 종종 아프리카의 할리우드라고 불리기도 했다. 실제로 1990년대까지만 해도 와가두구는 아프리카 시네마의 상징이었다(Austen & Saul, 1).

이들은 영화를 아프리카 정신 해방의 도구로 여겨 영화를 만들었다. 이 때문에 이들 영화는 이른바 포스트 식민주의 영화 전통의 성격이 강했다. 때론 상당히 노골적으로 정치적 색깔과 현실 비판을 드러내며 아프리카에 대한 유럽의 지배적 시각에 대항하는 등 저항과 해방의 의도를 담은 영상 미학을 연출에 힘썼다. 이들 대부분은 영화 미학에 관심이 많은 휴머니스트였으며 명시적인 이념 문제에 많은 관심을 기울였다.

이를테면, 우스만 셈벤이 자신의 소설을 바탕으로 처음으로 프랑스어가 아닌 세네갈 현지 토착어인 울로프Wolof어로 영화를 만든 〈만다비Mandabi/The Money Order〉(1968)는 아프리카 최초의 컬러 시네마이기도 하다. 영화는 세네갈 다카르에서 2명의 아내와 7명의 자식과 사는 무슬림 실업자 이브라히마 디엥이 파리에서 청소부로 일하는 조카가 보내준 250프랑 상당의 우편 전신환을 수령한 뒤 벌어지는 이야기이다. 영화는 프랑스어나 울로프어로 글을 읽고 쓸 줄 몰라 조카가 보내준 우편 전신환을 현금으로 바꾸지 못하고, 결국에는 사기를 당하고 집까지 잃고 마는 문맹의 무슬림 주인공의 이야기를 통해 식민주의와 종교, 부패한 세네갈 사회의 현실을 고발한다.

그러나 프랑스 국립 영화 센터 등의 후원을 받아 제작된 셈벤의 영화도 물론이지만, 대다수 아프리카 작가주의 영화가 갖는 한계와 문제점은 매우 분명했다(Russell, 6). 우선 이들 영화 대부분은 정작 아프리카인이 극장에서 볼 수 없다는 점이 가장 큰 한계였다. 〈만다비〉의 경우 처음부터 세네갈 자국어인 울로프어뿐만 아니라 프랑스어 자막을 입혀 영화를 제작 배급하고 베니스 영화제에 출품하는 등, 영화의 기획과 제작이 애초에 자국의 일반 대중 관객과 해외 배급을 목표로 하였다. 그럼에도 불구하고 현실적으로 관객의 범위는 해외 영화제 등의 시사 관객층에 불과할 정도로 산업적인 측면에서 영화의 제작과 배급 상영은 일회적이고 지속 가능성이 부족했다.

다른 무엇보다도 식민지 시대 이전의 아프리카 본래의 색깔과 리얼리즘을 담은 이른바 '아프리카 시네마'를 지향하는 이들 영화의 제작 지원이 과거 식민지 모국이었던 프랑스를 비롯한 해외에 근거를 두고 있었다는 사실은 이들 영화가 가진 산업적인 한계가 매우 뚜렷했다. 이들 셀룰로이드 영화는 펀딩 자체도 어려운 과정이었지만 영화 한 편 만드는 것 자체가 몇 년이 걸리는 난관이었다(Miller, 73). 설령 펀딩을 받기 위해 치열한 경쟁과 프랑스 정부의 사전 심사를 통해 우수 작품으로 선정 지원한 후 제작된 아프리카 영화는 향후 프랑스 문화원을 통해 상연되지만, 대다수 이들 영화가 자국에서 상연되는 것은 거의 불가능에 가까운 일이었다(Miller, 74).

아프리카 영화 배급의 경우, 자국 내 영화 배급의 경우에서도 국내 업체가 아닌 해외 배급사들이 장악하고 있기도 하였지만, 이들은 아프리카에서 제작된 자국 영화보다 훨씬 저렴한 가격과 품질을 무기로 할리우드 영화나 중국 영화 배급을 선호한 점에서 아프리카 영화가 실제 국내 관객의 유무를 떠나 아프리카 관객을 만나기는 무척이나 어려운 일이었다. 한마디로 자국의 영화 배급 유통체계에서 사실상 배제된 상황의 아프리카 영화는 지속 가능한 방식으로 아프리카 관객을 만날 기회조차 가질 수가 없었다는 점에서, 아프리카 영화는 영화를 통해 수익을 창출할 진정한 영화 산업이 되는 데는 필연적으로 실패할 수밖에 없는 근본적인 한계가 뚜렷했다.

무엇보다도 흔히 말하는 필름 방식의 영화 산업 즉 셀룰로이드 기반의 영화는 현실적으로 식민지 본국을 포함한 해외의 원조나 정부 차원의 지원이 없이는 아프리카에서는 불가능하다는 것이 너무나도 명백했다. 이런 점에서 영국은 물론이고 프랑스의 펀딩 지원을 받지 않은 나이지리아 영화 산업에서 비디오 기반의 놀리우드 영화와 영화 시장의 등장과 발전은 다른 무엇보다도 이 같은 현실적인 상황이 완전히 뒤바뀐 새로운 현상을 의미했다.

나이지리아 경제 위기와 놀리우드 영화

산업으로서 놀리우드 영화는 형식과 스타일의 측면에서는 액션과 공포물을 포함한 수많은 기존의 장르 영화와 TV 연속극 그리고 인도 볼리우드 뮤지컬 영화의 요소뿐만 아니라 1980년대 후반과 1990년대 초부터 있었던 다양한 정치·사회·경제적 맥락의 외적 요인이 한데 얽혀 탄생한 복합적인 문화 산물이다.

이 가운데 놀리우드 영화 산업 탄생과 관련한 다양한 외적 요인 중에서도 1980년대 중반에 단행된 세계은행의 나이지리아 구조 조정 프로그램(SAP)에 따라 단행된 나이지리아 화폐인 나이라의 급격한 평가 절하로 인해 나이지리아에 불어닥친 경제 위기를 주요 외부적인 요인으로 거론할 수 있다. 1980년대 후반 나이지리아 바방기다 정부는 세계은행의 이른바 구조 조정 프로그램으로 알려진 경제 긴축 정책의 시작과 더불어 심각한 경제 위기를 겪기 시작했다. 이로 인해 나이지리아 통화의 급격한 평가 절하가 촉발되면서 기존 산업 체계는 붕괴 위기에 처하고 일반 국민의 삶이 피폐해지는 경제 사회 전반에 걸쳐 대혼란이 야기하고 있었다. 갑작스러운 경제 위기는 국민의 분노를 불러일으키고 이것은 라고스를 비롯한 대도시를 중심으로 심각한 폭력 사태를 촉발했다. 사회에 만연한 폭력과 불안은 사람들의 사회 활동을 위축시키면서 이로 인해 극장과 상영관과 같은 문화 시설이 대거 문을 닫는 등 경제 불황의 악순환을 더욱 악화시키는 결과를 낳게 되었다.

특히, 영화 산업의 경우, 이른바 SAP 체제에서 나이라 환율은 곤두박질치면서 그동안 대부분 영국 런던에서 진행하던 영화 후반 작업이 더는 불가능해졌다. 모든 영화 내수 제작은 중도에 멈추고, 사회 불안과 경기 불황으로 인하여 대부분 극장은 열악한 기반 시설과 경영난으로 문을 닫게 되는 등 사회 전반에 걸쳐 대혼란의 사태가 벌어졌다. 빈번한 정치적 혼란과 경제 위기 상황으로 새로운 영화의 개봉과 상영은 위험한 도박으로 전락하고 급기야 셀룰로이드 영화 제작은 1992년 완전히 중단되고 만다.

그러나 그해 역설적으로 셀룰로이드 필름 기반이 아닌 비디오 기반의 새로운 영화 제작은 막을 올리게 된다. 물론 비디오 그 자체가 완전히 새로운 매체는 아니라 해도 경제 불황으로 인해 더욱 저렴한 예산으로 영화를 제작하려는 의도에서 비디오에 눈을 돌리게 된 것이다. 나이라의 환율 급락으로 인해 초저가의 외국 영화뿐만 아니라 비디오카메라와 테이프 등 방송 영상 장비들이 물밀듯이 들어옴으로써, 이러한 기술 환경의 변화와 기술 가격, 휴대성 및 접근성의 측면에서 비디오 영화는 기존의 셀룰로이드 필름이 제공할 수 없는 기회의 창출이 가능해졌다(Adesokan 2009, 605).

이에 따라 값싼 비디오카메라 장비로 찍은 싸구려 대중 영화가 쏟아져 나오면서, 나이지리아는 단기간에 아프리카 대중 영화 산업의 중심으로 부상한다. 가장 큰 요인은 나이지리아가 가진 시장의 크기를 들 수 있을 것이다. 아프리카 최대의 인구를 자랑하는 나이지리아는 사하라 이남 전체 인구의 1/4을 차지하면서 그 자체로 거대한 내수 시장을 갖추고 있다. 전 지구적인 새로운 비디오 기술과 미디어 환경의 신자유주의 변화 물결 속에서 서아프리카에 이른바 비디오 붐이 시작되었다.

특히 아프리카 국가에 불어닥친 경제 위기 속에서 이들 국가의 행정 역량으로는 비디오카세트 레코더, 비디오카메라, 비디오 프로젝터, 위성TV 수신기, DVD 플레이어, 그리고 컴퓨터 등과 같은 이른바 "작은 미디어"의 통제는 사실상 불가능했다. 심각한 경제 위기 속에 국가 행정 차원의 통제를 상실한 미디어 시장에는 엄청난 물량의 수입 영화가 쏟아져 들어왔기 때문이다. 이들 대부분은 불법 복제된 것이었다. 엄청난 수의 소규모 불법 복제 영화 판매상이 주도한 영화 시장은 완전히 새로운 미디어 시장의 가능성을 여는 계기가 되었다. 외국 영화의 싸구려 불법 복제 시장은 아이러니하게도 아프리카 대중문화 폭발의 가능성을 본 것이다. 값싸고 쉽게 제작이 가능한 비디오는 아프리카 대중문화의 모델로 안성맞춤이었다. 별다른 장비와 경험이 없이도 소자본으로 제작이 가능한 예술 방식이었기 때문이다.

요루바 극단 영화

나이지리아 영화 산업이 새로운 방식으로 태동하고 성장하게 되는 밑바탕에는 1950년대와 60년대에 걸쳐 나이지리아 남부 아남브라주 등지에서 인기를 끌던 이른바 '오니차 시장 문학'과 문예극 그리고 서부 지역의 요루바 유랑극 등을 비롯하여 다양한 요인을 거론할 수 있다. 이 가운데 요루바 유랑극은 놀리우드 영화 발전에 가장 큰 영향을 미쳤다. 1940년대부터 공연을 시작한 요루바 유랑 극단은 '그리오'Griot라 불리는 일단의 구비 전승 이야기꾼이자 소리꾼을 중심으로 극단을 꾸려 에군군Egungun 등의 요루바 전통 가면극 혹은 복장극 공연을 펼치면서 요루바 문화를 이해하는 곳이면 라고스를 비롯하여 어디든 가서 공연을 열었다. 이들은 조상신을 포함한 요루바의 신화와 역사에 관련된 공연을 주로 펼쳤다. 나이지리아의 서부에 본거지를 두고 1980년대 초반을 기준으로 약 126개 정도의 극단이 나이지리아 전역에서 공연 활동을 이어 갔다. 하지만 경제 침체로 인해 현장 공연이 힘들어지자, 경제적인 이유로 자신들의 공연을 셀룰로이드 필름과 비디오 영화로 제작 상영하면서 명맥을 이어가기에 이른다(Layiwola, 218).

이들의 주 활동 본거지는 라고스였다. 1930년대 이후 라고스는 그야말로 다양한 배경과 야망을 품은 이민자들의 이합집산지이자 용광로였다. 당시 라고스는 브라질과 쿠바 그리고 시에라리온 등과 같은 영어권 아프리카 국가를 거쳐 노예 생활을 끝내고 돌아오는 사람들뿐만 아니라 나이지리아 시골 각지에서 먹고 살기 위해 몰려드는 사람들로 도시 인구는 폭발적으로 넘쳐나고 있었다. 성공을 위해 일거리를 찾아 각지에서 몰려든 이들은 각양각색의 종교와 계급, 직업과 종족의 배경을 갖고 있었다. 당시 라고스는 일자리와 사회적 삶에 대한 동인으로서 돈에 대해서는 개방적이었고 항구로 몰려드는 새로운 이민자의 유입에 대해서도 개방적이었다. 폭발적인 인구 유입과 경제 사회적 활력에 힘입어 라고스는 1950년대에만 도시의 규모가 세 배로 커지게 되었다. 이러한 도시의 성장과 전후 경제 호황, 특히 1950년대와 60년대에 서아프리카를 휩쓴 반식민주의와 민족주의 그리고 교육 성장에 힘입어 요루바 유랑극과 같은 문화 활동도 태동할 수 있었다. 무엇보다도 라고스와 같은 대도시의 급격한 성장은 요루바 유랑극의 태동에 가장 결정적인 요인으로 작용하였다(Miller, 11).

나이지리아 최초의 극단을 만든 사람은 현대 요루바 연극의 아버지라고 불리는 휴버트 오군데Hubert Ogunde였다. 그는 1944년 〈에덴 공원The Garden of Eden〉을 시작으로 50편 이상의 창작 공연극을 집필하고 나이지리아 전국을 순회하며 공연을 펼쳤다. 오군데의 극단을 비롯한 요루바 이동 순회 공연단은 1940년대 나이지리아 남부 공연 산업의 중심이었으며 이들은 1970년대까지 공연 연예 산업을 주름잡으면서 1980년대 경제 위기로 모든 산업이 몰락할 때까지 공연 연예 산업을 주도하였다. 요루바 이동 순회 공연단은 서로가 가족처럼 탄탄히 결속된 배우들의 무리로 결성되어 공연을 펼쳤고, 주로 요루바 지역으로 인기리에 공연하러 다녔다.

이러한 요루바 유랑극을 토대로 최초의 요루바 극영화를 만든 사람은 올라 발로군Ola Balogun이었다. 나이지리아의 1세대 영화감독인 발로군은 1968년 프랑스 국립 고등 영상 기술 대학원(FEMIS)의 전신인 파리 고등 영화 연구소에서 수학했으며 이후 낭트 대학으로 옮겨 다큐멘터리 영화 연구로 박사학위를 받았다. 발로군은 귀국 후 나이지리아 연방 정보부 영화국, 파리 주재 나이지리아 영사관, 국립 박물관 등에서 근무한 뒤 1973년 독립 영화사를 설립한다. 그는 첫 작품 〈알파Alpha〉(1972)를 만든 후 아데예미 아폴라얀Adeyemi Afolayan과 당시 요루바 악극으로 명성을 떨치던 두로 라디포Duro Ladipo(1926~1978) 등과 손잡고 〈아자니 오군Ajani Ogun〉(1976)을 만들어 큰 성공을 거두었다.

이 작품은 셀룰로이드 영화뿐만 아니라 비디오 영화 제작 전환기에 큰 획을 그었다. 당시 두로 라디포는 요루바 신화와 전래 민화를 담은 다양한 요루바 민속 악극의 집필과 제작을 통해 많은 대중의 인기를 끌고 있던 인물이었다. 그가 만든 작품 가운데 가장 유명한 작품은 요루바족 조상신(오리샤)으로 추앙되는 오요 제국의 세 번째 통치자(알라핀)인 상고Shango에 관한 민속 악극인 〈오바 코 소Oba Ko So〉이다. 〈아자니 오군〉의 흥행에 고무된 발로군은 속편인 〈이자 오미니라Ija Ominira〉(1978)도

만들어 흥행에 성공했다. 요루바 악극을 영화로 만든 〈아자니 오군〉은 젊은 사냥꾼 아자니 오군이 선친의 땅을 훔친 부패한 정치인을 찾아 복수하고 사랑의 결실도 본다는 내용으로서, 요루바 악극의 음악과 춤은 마을의 전통적인 삶의 분위기와 주제뿐만 아니라 식민의 잔재가 해방 후에도 부패의 근원임을 보여준다.

올라 발로군의 요루바 극영화 성공에 가장 큰 자극을 받은 사람은 다름 아닌 요루바 악극의 대부로 추앙받던 휴버트 오군데였다. 그는 발로군과 손잡고 마을의 제사장과 마녀로 형상화한 선과 악의 대결을 그린 자신의 요루바 악극을 기반으로 〈아이예Aiye〉(1979)를 제작하면서 큰 성공을 거둔다. 오군데는 〈아이예〉의 성공 이후, 속편으로 〈자이예신미Jaiyesinmi〉(1981)를 제작하는 한편, 1982년에는 자신의 고향인 오군Ogun주 오소사Ososa에 영화 촬영소 겸 영화 마을을 설립한 뒤 〈아로핀Aropin〉(1982)과 〈아얀모Ayanmo〉(1988)를 제작했다.

이처럼 요루바 극단이 셀룰로이드 영화에 눈을 돌린 이유는 다름 아닌 경제 침체에 있었다. 1980년대 접어들자 공연을 통한 흥행 수지는 곤두박질치면서 공연을 유지하기조차 점차 힘들어지는 상황이 연출되면서 영화로 눈을 돌린 것이다. 이들은 대안으로 처음에는 35mm 카메라로 자신들의 공연을 촬영하기 시작하고, 이후 점차 16mm 카메라로 공연을 촬영하기 시작하였다(Miller, 12). 이들은 제작한 영화를 교회를 비롯한 임시 소규모 극장에서 상영했다. 단원들은 라이브 공연 때와 마찬가지로 공연 영상을 상영할 장소의 대관, 티켓 판매, 홍보 등을 직접 수행했다.

오군데의 공연 영화는 마스크를 쓰지 않고, 사실주의 극 공연과 대사를 사용하는 등 이전의 요루바 순회 공연 스타일과 확연한 차이를 보이기도 했지만, 무엇보다도 나이지리아 남부 및 서아프리카를 통틀어서 대중 공연 문화 산업 구조에 많은 변화를 가져왔다. 오군데의 극영화가 갖는 의미는 그의 작품의 흥행 성공이 종래의 셀룰로이드 장편 영화들처럼 엘리트 관객 내지는 기관의 후원을 통해 이루어진 것이 아니라 순수한 일반 관객들을 기반한 흥행이라는 점이다. 오군데의 영화는 순수 나이지리아 영화에 있어서 상업 영화의 비즈니스 구조의 출현을 의미하는 것으로서, 장차 50년 뒤에 도래할 놀리우드의 자생적 비즈니스 구조의 단초를 마련한 것이기도 하다. 무엇보다도 오군데는 박스오피스의 개념을 도입했으며, 아마추어 배우가 아닌 전문 직업 배우를 기용한 뒤, 포스터와 신문 광고를 통해 스타 마케팅을 구사하기도 했다(Miller, 11). 특히 오군데는 자신들의 공연을 축음 레코드에 담아 시장과 레코드 가게에서 판매하기도 하였다.

1980년대 중반까지 이들 요루바 극영화는 라이브 공연을 압도하면서 대중오락의 주요 장르로 자리 잡았다. 하지만 곧이어 경제 위기가 불어닥치게 되면서, 이들 공연 영화 산업에도 위기가 닥치게 된다. 설상가상으로 영상 편집 장비의 부실로 대부분의 후반 작업을 런던을 비롯한 해외에서 이루어지는 관계로 경제 위기는 단가 상승으로 이어지면서 실제로 완성되는 작품의 수 자체가 줄어들 수밖에 없었다.

게다가 완성된 요루바 극 공연 영화를 배급하는 것도 어려운 일이었다. 이들은 소규모 공연 영화의 제작을 계속했지만, 제작비 상승에 따른 자금 지원의 경제적 부담을 극복하는 것이 급선무였다. 이들은 온갖 다양한 방식으로 제작비 절감을 통해 작품 제작의 명맥을 이어가려 애썼지만, 80년대 말 나이라 환율 급락에 따른 경제 위기로 인한 심각한 자금 조달의 어려움은 극영화 제작에 악영향을 미치면서 결국은 급속히 사양길에 접어들게 된다.

요루바 공연극은 전통 타악기와 전자기타와 마이크 등을 적절히 사용하여 종교와 신화, 역사, 구전 문화뿐만 아니라 현실 주제 등을 다루었다. 1960년대까지 나이지리아 정부는 약 100개 정도의 순회 극단을 지원했다. 이 배우들은 1959년 WNTV를 시초로 나이지리아에 텔레비전이 도입되자 TV 공연극을 제작하였으며, 1970년대 셀룰로이드 영화가 본격적으로 제작 보급이 가능할 무렵에는 셀룰로이드 필름으로 공연극 영화를 제작했다. 요루바 극단 배우들은 학교와 시민 회관 그리고 호텔 가든 등을 비롯하여 어디서든 공연을 이어가는 한편, 1970년부터 1992년 사이에 대략 100편의 영화에 참여하면서, 셀룰로이드 영화 시대의 가장 뛰어나고 인기 있는 나이지리아 영화들을 만들었던 사실상 나이지리아 필름 영화의 주역이었던 것이다(Haynes, 32).

필름 영화에서 비디오 영화로

통상 나이지리아 셀룰로이드 영화는 불어권 아프리카 국가들의 이른바 작가주의 경향의 영화들과 거리가 멀었다. 이를테면 2년마다 열리는 FESPACO 영화제와 영화 제작자 협회인 FEPACI 등과도 거리를 두고 있었고, 프랑스어권 아프리카 국가들의 영화 제작에 매우 중요한 유럽의 지원과도 거리가 있었다. 그럼에도 불구하고, 이 시대에 활동했던 대표적인 사람들은 올라 발로군Ola Balogun, 월레 소잉카Wole Soyinka, 아데예미 아폴라얀Adeyemi Afolayan, 라디 라데보Ladi Ladebo, 에디 욱보마 Eddie Ugbomah, 프란시스 올라델레Francis Oladele, 바요 아데로운무Bayo Aderounmu 등을 거론할 수 있다. 올라 발로군은 프랑스에서 공부한 감독으로서 모든 아프리카 영화감독 출신 가운데에서도 가장 왕성하게 활동했다. 올라 발로군은 요루바 순회 극단 배우들과 함께 일하기도 하는 등 1973년에서 1984년 사이에 뛰어난 예술성과 시대의 이념을 담은 약 10편의 장편 영화를 만들었는데, 이 가운데 〈이자 오미니라Ija Ominira〉(1979), 〈크라이 프리덤Cry Freedom〉(1981) 등이 대표작이다. 아프리카 최초로 노벨 문학상을 수상한 세계적인 시인이기도 한 월레 소잉카는 〈전환기의 문화Culture in Transition〉(1963)와 〈탕자의 블루스Blues for a Prodigal〉(1983) 등의 주목할만한 영화를 만들었다. 아데예미 아폴라얀은 〈택시 운전사Taxi Driver〉(1983), 〈이야 니 우라Iya ni Wura〉(1984) 등을 만들었고, 라디 라데보는 1987년 〈벤더Vendor〉(1987) 등을 만들었다.

에디 욱보마는 나이지리아 영화의 개척자이자 대표적인 독립영화 감독으로 추앙받는 인물이다. 에디 욱보마는 런던에서 저널리즘과 영화를 공부하였다. 한때는 영국의 BBC와 ITN 등의 방송국에서 근무한 바 있다. 이후 나이지리아로 돌아온 그는 자신이 만든 영화사 '에디포사'Ediposa를 통해 총 13편의 영화를 만들었으며, 1988년부터 1991년까지 나이지리아 영화 공사 사장을 지냈다(Ukadike, 85). 그의 대표작으로는 〈오예누시 박사의 흥망사The Rise and Fall of Dr Oyenuzi〉(1977), 〈마스크Mask〉(1979), 〈오일 둠Oil Doom〉(1981), 〈흑인 대통령의 죽음Death of a Black President〉(1983) 등을 들 수 있다.

이 가운데 그가 직접 감독 주연한 〈마스크〉는 영국이 1890년대 베냉Benin 왕국을 무너뜨린 뒤 영국으로 가져간 문화유산을 소재로 한 영화이다. 주인공 오비Obi는 런던에 극비 잠입하여 대영 박물관에 소장된 베냉 마스크를 탈취하여 나이지리아로 가져가려고 시도하면서 벌어지는 에피소드를 다루고 있다. 영화는 실제 있었던 이야기를 바탕으로 한다. 영화는 개봉 후, 영국 정부와 나이지리아 정부의 주목을 받게 되면서, 이후 영국 정부는 나이지리아 정부와 협상을 통해 마스크를 유상 반환하게 된다.[7] 〈오예누시 박사의 흥망사〉는 1970년대 라고스를 무대로 벌어졌던 악명 높은 실제 무장 강도 사건을 소재로 한 영화이다. 〈흑인 대통령의 죽음〉은 1976년 나이지리아 군부 쿠데타로 37세의 나이로 암살당한 무탈라 모하메드 장군을 소재로 한 일종의 전기 영화이다.

당시 대부분의 셀룰로이드 필름 영화는 관객 부족과 부실한 배급 체계로 큰 인기를 끌지는 못했지만, 요루바 극단과의 협업을 바탕으로 일종의 연극·영화를 연출한 발로군과 욱보마 등의 영화를 중심으로 꾸준히 나이지리아 영화의 명맥을 이어가면서 1980년대에 일시적이나마 나이지리아 영화의 황금기를 연 것은 사실이다(Adesokan, 605). 하지만 80년대 후반에 접어들면서 나이지리아에 전방위적인 경제 위기가 닥치자 셀룰로이드 영화 산업은 더는 버티지 못하고 무너지게 된다. 무엇보다도 필름 영화의 특성과 기술적인 한계로 대부분 해외에서 이루어지던 후반 작업의 비용은 외환 위기로 치솟는 환율로 인해 필름 영하 산업

---

7) Google Arts and Culture. "Eddie Ugbomah－A Nigerian Pioneer Filmmaker Driven by Value." https://artsandculture.google.com/exhibit/eddie-ugbomah-a-nigerian-pioneer-filmmaker-driven-by-value/qQKiZ1nUZRbPIA.

자체가 벼랑 끝으로 몰린다.

이 때문에 앞서 언급한 요루바 공연 배우를 비롯한 많은 셀룰로이드 영화 인력은 자연스럽게 생계를 위해서라도 비디오로 눈을 돌렸다. 경제 불황으로 인해 모두가 일자리를 잃고 길거리로 내몰리는 고사 직전의 위기 상황에서 때마침 해외에서 물밀듯이 들어온 저가의 비디오에 관심을 둔 것이다. 그럼에도 불구하고 낮은 영화 제작 수준 때문에 원래부터 요루바 이동 순회 극단 배우 출신이었던 이들은 스스로 정통 영화배우로 생각하기는 어려웠던 관계로 생계를 위해서라도 일부는 비디오뿐만 아니라 텔레비전과 무대 공연을 병행해야 하는 상황이 이어졌지만, 그럼에도 불구하고 이들은 자의 반 타의 반 놀리우드 영화 성장의 밑거름이 되었다(Miller, 10).

이 시기에 처음 제작된 비디오 영화는 1984년 알라데 아로미레 Muyideen Alade Aromire의 〈에쿤Ekun (Tiger)〉이었다. 영화는 기나긴 검열로 인해 1989년이 되어서야 출시, 상영될 수 있었다. 이후 1988년 아데 아지보에Ade Ajiboye가 만든 〈손소 메지Sonso Meji (Two Pointed Ends)〉였다. 이들 비디오 영화의 출시와 상영은 때와 장소를 가리지 않는 비디오의 특성을 반영한 것이기도 하다. 하지만 실제로 관객은 영화의 제작 기술과 영상 품질보다도 영화의 스토리에 보다 큰 관심과 호응을 보임에 따라, 상당수의 요르바 극단의 공연은 비디오카세트에 담겨 판매되기 시작한 것이다. 통상 요루바 사회는 보통 가족 단위로 영화를 보러 외출하는 성향이 강했으며 요루바 극영화는 비디오 영화 산업과 문화에서도 계속해서 중요한 유산으로 작용했다.

이와 같은 나이지리아의 비디오 영화 시장의 잠재력을 완전히 일

깨운 사람은 다름 아닌 비디오카세트 수입 판매상으로 일하던 이보족 출신의 케네스 은네부였다. 은네부 자신은 요루바어를 전혀 말하지 못했지만, 그는 1989년 당시 요루바 이동 순회 극단의 리더였던 이숄라 오군솔라Ishola Ogunsola와 함께 〈아제 니 이야 미Aje Ni Iya Mi (My Mother is a Witch)〉라는 타이틀의 비디오 영화를 제작했다. 일반 VHS 캠코더로 촬영하고 두 대의 일반 VCR로 편집한 영화의 제작비로 2천 나이라(당시 환율 기준으로 200달러 상당) 정도를 투자하여 그는 수십만 나이라를 벌어들이는 대성공을 거둔다. 〈아제 니 이야 미〉의 성공을 계기로 그는 비슷한 내용의 요루바어 비디오 영화를 여러 편 제작하게 되고, 이러한 성공을 바탕으로 드디어 그는 1992년에 이른바 놀리우드 시네마의 서막을 알리는 〈속박의 삶〉을 제작하기에 이른다.

텔레비전 방송과 놀리우드

놀리우드의 탄생과 성장을 가능하게 한 또 다른 요인에는 나이지리아 텔레비전 방송 산업을 언급할 수 있다. 나이지리아 텔레비전 방송 산업은 향후 놀리우드 발전에 큰 영향을 준다. 특히 70년대 말 나이지리아 텔레비전 방송 공사(NTA, Nigerian Television Authority) 출범 이후, 시트콤을 비롯한 텔레비전 드라마 제작 방영은 여러 가지 악재에도 불구하고 발전을 거듭하면서 이후 놀리우드 영화에 많은 영향을 끼치게 된다 (Ayakoroma, 2).

나이지리아에 텔레비전 방송국이 설립된 것은 독립 이전인 1959년이지만, 나이지리아의 방송의 시초는 라고스에서 라디오 방송이 시작된 1933년까지 거슬러 올라갈 수 있다. 이 당시 라디오 방송은 영국 BBC 라고스 지국 정도의 수준에서 본국 방송 재송출과 식민지 이념 확산을 위한 선전 교화 방송이 대부분이었다. 이후 1951년에는 식민 정부 정보부Ministry of Information 산하에 나이지리아 방송 서비스(NBS, Nigerian Broadcasting Service)가 설립되었지만, 기능과 조직 및 방송 서비스 자체는 이전과 크게 다를 바 없어 프로그램 일부를 제외하고는 대부분 기존의 영국 BBC 방송의 재송출이 대부분이었다.

1956년 의회를 통과한 방송 진흥법에 따라, 1957년 나이지리아 방송 공사(NBC, Nigerian Broadcasting Corporation)의 출범과 동시에 동부(ENBS)와 서부(WNBS) 및 북부(NNBS) 지역에 각각 별도의 라디오 방송국이 설립되었다. 1950년대 후반은 나이지리아의 서부와 동부 그리고 북부를 대표하는 각 정당이 영국으로부터의 독립을 한창 논의하던 시기였다. 이 당시 독립 이전의 나이지리아는 행정 구역상 세 지역으로 나뉘어 있었고, 요루바 지역인 서부 나이지리아를 대표하는 정당은 액션 그룹Action Group이었다. 액션 그룹은 다른 지역 정당과 중앙 정부와 영국으로부터 독립을 논의하는 과정에서 라디오를 통해 자신들의 입장을 충분히 설명할 기회를 중앙 정부가 주지 않는 것에 불만을 품고 있었다.

이에 당시 서부 나이지리아 총리였던 오바페미 아월로오는 자신들만의 방송국 설립을 전격 결정하고, 한 걸음 더 나아가 아예 나이지리아 최초의 텔레비전 방송국인 WNTV(Western Nigerian Government Broadcasting Corporation)를 1959년 10월 31일 이바단에 개국한다. WNTV의 설립과 개국에는 다분히 정치적인 이유가 있었지만, 방송국 설립 자체는 나이지리아뿐만 아니라 사하라 이남 아프리카 최초의 텔레비전 방송 시작을 알리는 계기가 된 동시에 이후 지역별 정치적 이해관계와 동기로 인해 텔레비전 방송국 설립이 경쟁적으로 이루어지는 계기가 되기도 하였다.

1960년에는 이보족의 동부 나이지리아를 대표하는 지역 정당인 NCNC 정부가 동부 나이지리아 텔레비전 방송국Eastern Nigeria Television Station을 세웠고, 1962년에는 북부 나이지리아 지방 정부가 RKTVRadio Kaduna Television(카두나 기반)를 세웠다. 중앙 정부도 1962년에 자체 나이지리아 국영 텔레비전 방송국Nigerian Television Service을 라고스에 세웠다. 그리고 1972년에는 남부 포트 하코트에 MidWest TV가 세워져 서남부 지역에도 텔레비전 방송이 시작되고, 특히 1974년에는 아프리카 최초의 컬러텔레비전 방송인 BPTVBenue-Plateau Television Corporation가 세워져 나이지리아 중북부 지역에 TV 방송을 송출하게 되면서, 마침내 나이지리아 전국의 주요 지역을 아우르는 공영 방송 네트워크 체제의 면모를 갖추게 되었다. NBC는 연방 정부의 관할하에 있었지만, 각 지역 방송국의 운영은 지방 정부가 갖고 있었다. 방송에 필요한 방송 주파수의 할당은 연방 정부가 여전히 독점적으로 갖고 있었다.

나이지리아 연방 정부는 1977년 나이지리아 텔레비전 방송 공사(NTA)를 설립하여, 앞서 언급한 각 지역의 방송국을 재편·통합한 뒤, NTA를 중심으로 프로그램과 드라마를 사실상 독점적으로 자체 제작, 송출하는 아프리카 최대의 강력한 국영 TV 네트워크를 구축하게 된다. NTA 출범 시기에는 이바단, 에누구, 카두나, 라고스, 포트 하코트, 카노, 소코토 등을 포함하여 전국에 10개의 방송국이 있었다. 하지만 NTA는 이후 마이두구리·바우치·민나·욜라·칼라바·마쿠르디·아베오카

등을 비롯한 9개 주의 수도에 추가로 방송국을 설립하고, 1980년에는 NTA 2(채널 5)를 라고스에 개국하는 등, 2014년까지 총 101개의 방송국을 차례대로 설립하는 한편, NTA 출범 시기 개국하였던 9개의 방송국을 네트워크 센터로 지정 운영하고 있다. 특히 NTA 출범 이전에 미미했던 자체 TV 드라마 제작은 NTA 출범 이후 질과 양 모두에서 괄목할만한 성장을 거듭하면서, 1979년 기준 나이지리아 전체 인구의 20%를 TV 시청자로 확보하기에 이른다.

NTA는 1977년부터 전국 방영을 목표로 〈새벽의 수탉Cockcrow at Dawn〉, 〈태양의 거울Mirror in the Sun〉, 그리고 〈달빛 이야기Tales by Moonlight〉 등의 드라마 제작을 잇달아 지원했다. 농업 진흥을 목적으로 민간 금융기관(United Bank for Africa 후원) 협찬을 받아 제작된 피터 이호Peter Igho 감독의 〈새벽의 수탉〉은 나이지리아 최초의 전국 방영 드라마라는 타이틀을 거머쥐었다. 피터 이호가 감독한 NTA 소코토Sokoto 방송국의 드라마 〈진실의 순간Moment of Truth〉은 1982년 알제리에서 열린 제5회 URTNA(현 아프리카 방송 총회 / AUB, African Union of Broadcasting) 총회에서 입상했다. 1983년 제작된 롤라 카요데Lola Fani Kayode 감독의 〈태양의 거울〉도 평단의 좋은 평가를 받았다. 1984년에는 아프리카 전래 동화를 각색한 어린이 프로그램 〈달빛 이야기〉를 방영하기도 했다. 1986년에는 치누아 아체베의 소설을 각색한 드라마 〈모든 것이 무너지다Things Fall Apart〉를 방영했다. 니제르 델타 지역의 오고니족 출신 환경 인권 운동가이기도 한 켄 사로위와Ken Saro-Wiwa가 직접 각본을 쓰고 제작한 시트콤 〈바시 앤드 컴퍼니Basi and Company〉는 1986년부터 1990년까지 NTA를 통해 5년간 방영되었으며, 이후 아프리카 전역으로 수출되어 방송된 바 있는 나이지리아 방송 드라마 역사상 가장 성공한 작품으로 평가받는다. 〈바시 앤드 컴퍼니〉는 지금까지 아프리카에서 가장 많은 시청자 수를 기록한 시트콤으로 남아 있다(*Daily Independent* 2012).

NTA는 외국 방송 콘텐츠 구매 비용이 국내 제작 프로그램보다 저렴할 경우, 외국 프로그램 방송 시간 할당을 20% 이내로 제한하는 조치를 단행하는 등, 자국 방송 콘텐츠 제작 진작을 위해 힘썼다. 이들 NTA 제작 연속극은 대부분 당시 이브라힘 바방기다 정부의 구조 조정 조치와 방송 예산 부족 등의 이유로 자체 제작 연속극은 단명에 단명을 거듭했다. 당시 연방 정부의 구조 조정 조치 시행은 경제 위기를 겪고 있던 개발 도상국 대상 국제 통화 기금과 세계은행의 차관 지원에 따른 구조 조정 프로그램(SAP, Structural Adjustment Programs) 이행 조치에 따른 것이다.

이처럼 80년대 말에서 90년대 초 발생한 외환 위기로 인한 경제 침체로 방송 산업도 대혼란에 빠지게 된다. 여기에는 나이지리아 내전 이후 도심 범죄 증가와 도시 기반 시설 파괴, 경제 불황뿐만 아니라 일관성 없는 방송 정책과 제작된 영상물을 배급, 방영할 채널 부족도 한몫했다. 우선 경기 침체로 방송 광고 물량 감소로 인해 드라마 제작을 비롯한 프로그램 제작 재원 확보 감소 및 방송 프로그램 축소 등의 위기가 닥친 것이 가장 충격이 컸다. 이에 따라, 경제적 위기에 처한 상당수 NTA 출신의 방송 영상 제작 인력과 배우들의 놀리우드 행 엑소더스가 시작된 것이다(Adesokan, 605).

물론 여기에는 비디오로 대표되는 새로운 영상 기술과 시장 경제 차원의 기회가 있었기 때문에 가능했다. 나이라 환율 폭락으로 값싼 홈 비디오 장비들이 라고스 전자 상가에 지천으로 널린 상황이었다. 특히 전 세계적으로 초기 VHS 기술이 점차 사양화되고 있는 시점에서 중국과 말레이시아의 값싼 재고 물량이 환율 폭락을 틈타 대량으로 나이지리아로 들어왔기 때문이다. 물론 영상 기술 장비의 나이지리아 수입 붐은 1970년대 이후 나이지리아 오일 붐 시기부터 있던 현상이었고 이미 1980년대 초에 비디오를 통한 음악과 영화의 복제 판매가 활발했지만, 80년대 후반 들어 라고스 알라바 전자 상가의 풍경은 갑작스러운 환율 폭락으로 해외에서 수입된 엄청난 물량의 값싼 VHS 기반의 영상 기기와 VCR 그리고 테이프로 가득 찬 가게들이었다(Miller, 14).

이처럼 나이지리아 시장에 VHS 기술이 집약된 값싼 물건들이 집중되어 새롭게 조성된 저렴한 VHS 영상 기술 환경 여건은 갑작스러운 경제 위기와 영화 산업의 몰락으로 생계유지의 고통을 받던 배우들과 방송 인력들에 무언가 새로운 것을 시도할 기회를 제공하였다. 이런 점에서 놀리우드 영화 산업은 그 자체가 나이지리아가 처한 특별한 정치적, 경제적 여건의 산물이지만 또 다른 관점에서는 제3의 방향으로 역동적인 시도를 가능케 한 문화의 산물이기도 한 것이다(Miller, 10).

1980년대 후반 요루바 이동 공연 극단은 셀룰로이드 필름 대신 비디오 영상을 제작했다. 싱글 카메라로 공연 장면을 촬영했다. 장비의 한계로 인해 셀룰로이드 필름 기반의 영상 촬영 제작 방식보다는 품질이 좋지 못했다. 제작 영상을 VCR로 담아 요루바 관객 대상으로 판매했다. 요루바 비디오 영화는 오늘날의 놀리우드 영화의 전신이라 부를만했다. 놀리우드 영화는 요루바 비디오 영화와 셀룰로이드 영화의 뿌리를 갖고 있다. 특히 기존의 공연 방식을 유사하게 답습했다. 제작된 비디오 영화의 복제 판매는 물론이고 여러 지역을 오가며 비디오 상영을 위해 적당한 공간을 마련하여 상영을 이어갔다.

놀리우드 영화의 탄생과 성공은 다름 아닌 이러한 다양한 정치 사회적 변동과 관련한 복합적인 역사적 맥락을 바탕으로 하는 것이다. 앞서 언급한 것처럼, 오늘날의 놀리우드 영화의 첫 성공 모델은 이보족 출신의 케네스 은네부와 더불어 시작했다. 당시 수입 중고 전자 제품과 VHS 판매업자였던 그는 요루바 극 공연 드라마 비디오 영화의 인기를 잘 알고 있었고 비디오 영화 제작에 사용되는 영상 기술의 상업적 의미도 이해하고 있었다. 은네부는 1991년에 요루바 관객을 주요 타깃으로 당시 요루바어 극 공연 비디오 영화와 유사한 포맷으로 〈아제 니 이야 미〉를 만들어 성공을 거두었다.

〈아제 니 이야 미〉의 성공에 고무된 은네부는 〈속박의 삶〉의 본편과 속편을 연달아 제작했다(Adesokan, 606). 〈속박의 삶〉은 처음으로 이보어로 제작된 영화였다. 은네부가 이보어로 된 영화를 제작했다는 것은 요루바어의 한계를 넘어 그동안 요루바어 지역 시장에 머물렀던 비디오 영화 시장의 팽창과 확대를 의미한다. 1992년에 제작된 〈속박의 삶〉이 사실상 최초의 놀리우드 영화로 평가받는 이유는 한마디로 나이지리아 비디오 영화 제작의 폭발적 성장을 가능하게 한 촉매가 되었기 때문이다(Miller, 16).

〈속박의 삶〉이 대성공을 거둔 이후 2년 뒤인 1994년에 은네부는 이번에는 영어로 된 비디오 영화 〈글래머 걸Glamour Girls〉을 제작하여 또 한 번 큰 성공을 거두게 된다. 〈글래머 걸〉은 영어로 제작 출시된 최초의 놀리우드 영화라는 타이틀을 얻었다. 은네부의 성공 이후, 내티 브루스Natty Bruce를 비롯한 많은 사람이 은네부와 비슷한 방식으로 비디오 영화 제작에 뛰어든다. 한마디로 나이지리아 영화 산업에서 영어 버전의 비디오 영화의 가능성과 시장 잠재력을 간파한 것이다. 이것은 나이지리아 영상물 등급 심의 위원회의 심의 제출 영화 편수에서도 잘 나타난다. 1994년 은네부의 영어 버전 놀리우드 영화가 출시된 같은 해에 나이지리아 영상물 등급 위원회(NFVCB)에 심의 제출된 영화 편수는 3편에 불과하지만, 1년 뒤인 1995년에는 그 수가 201편으로 증가하고, 다시 1996년에는 250편으로 늘어난다. 영화 심의 편수는 해가 갈수록 증가하여 2010년에는 공식 심의 제출된 비디오 영화 편수만 921편에 달했다.

주제와 스타일

놀리우드라고 불리기 시작한 나이지리아 영화는 아프리카 대륙의 길거리 어디를 가든 흔하게 볼 수 있는 비디오 영화로 자리매김하면서 종래의 작가주의 계열의 영화에서는 찾아볼 수 없는 과감한 미신과 마술의 연출 및 묘사를 통해 아프리카 대중 관객들의 마음을 사로잡았다. 이런 점에서 놀리우드는 기존 아프리카 작가주의 영화와 대척되는 지점에 서 있다. 작가주의 영화인들에게 영화란 아프리카에 대한 서구의 헤게모니적 시각을 뒤집기 위한 하나의 도구이자 수단이다. 이 때문에 기존의 작가주의 영화가 표방하는 아프리카 해방 정치의 시각과 논리에 비추어 볼 때, 아프리카인의 미신과 마술은 혁파의 대상이자 걸림돌이다. 그런데도 불구하고 나이지리아 영화가 아프리카를 넘어 세계적으로 대단한 인기를 끌면서 아프리카를 대표하는 대중 영화의 반열에 오른 것은 이들 영화가 때로는 충격적이고 경멸스러운 내용과 전통을 담고 있으면서도 대체로 아프리카인의 보편적 정서와 향수를 자극하고 그들의 일상을 반영한 동시대적 현대성을 제대로 그려내고 있기 때문이다.

놀리우드 영화는 어느 순간 아프리카를 넘어 세계적인 문화 상품의 아이콘이 되었고, 순식간에 아프리카 영화 세계를 지배하는 영화 산업의 중심이 되었다. 가장 먼저 놀리우드 영화가 가진 특성을 들자면 놀리우드 영화는 대체로 많은 아프리카인이 즉시 공감할 수 있는 어떤 비주얼의 디테일과 주제적 특성이 있다는 점을 들 수 있다(Okome, 36). 가장 대표적인 예는 영화의 형식과 디테일의 측면이다. 놀리우드 영화는 서아프리카에서 흔히 볼 수 있는 외모를 갖춘 배우들이 등장한다. 출연 배우들은 서구적인 외모의 배우가 아닌 그들의 일상에서 쉽게 볼 수 있는 풍만하고 친숙하고 자연스러운 외모의 나이지리아와 아프리카 배우들인 것이다. 이것이 문화 상품으로서 놀리우드 영화의 성장을 이끈 기본적인 원동력이다(Miller, 62). 즉, 관객으로서는 자신들과 똑같이 닮은 배우들이 등장한다. 관객은 현실을 반영한 드라마 스토리와 배우들을 접하면서 어떤 동질감과 사실성을 영화를 통해 공유하게 된다. 이것은 놀리우드 영화는 아프리카 영화로서 자연스러움과 친숙성을 넘어 사실감과 동질감을 확보한 원동력으로써, 영화의 재미와 완성도를 떠나 놀리우드 영화가 나이지리아와 아프리카 대륙의 지리적 경계를 넘어 전 세계 아프리카 출신의 이주민들을 놀리우드 영화 관객으로 확보하게 되는 폭발적인 인기를 끌게 된 주된 요인 가운데 하나이다(Miller, 62).

일부 나이지리아 영화는—빈번한 군사 정변과 내전 및 경제 위기로 얼룩진 나이지리아 현대사의 정치 격변과—현실을 반영하는 이슈를 다루기도 한다. 이를테면 오바산조 대통령을 풍자한 코미디 영화 〈이야보의 아버지Baba Iyabo〉가 대표적이다. 하지만, 무엇보다도 놀리우드 영화는 전통과 현대가 어우러진 내용상 분명한 선악의 메시지를 담고 있으면서, 전형적인 시골 마을과 도시를 오가며 결혼과 신념 그리고 신앙과 관련한 주제를 다루는 것이 가장 큰 특징이다.

놀리우드 영화는 한편으로는 대도시 라고스의 화려한 번화가를 무대로 하지만, 한편으로는 마을의 삶을 보여주거나 시골 변두리로서 이른바 (주로 이보족이 사는 시골 마을의) '부시'bush의 삶을 연출한다. 이를 통해 그들만의 전통 의상, 얌을 빻는 시골 아낙네 혹은 사하라 사막에서 불어오는 하마탄Harmattan의 황사 가득한 시골 풍경을 있는 그대로 보여주는 것이다. 이 때문에 시골 깡촌을 있는 그대로 보여주는 놀리우드 영화 관람이 가능한 것은 영화를 통해 관객 스스로가 자연스럽고 당연하게 느끼는 자기들만의 아프리카 전통과 일상 문화로서의 감수성이다.

이를 반영하듯 현지 케이블 위성TV 채널인 멀티초이스MultiChoice의 아프리카 매직Africa Magic은 아예 이러한 소재의 장르 영화만을 내보내는 놀리우드 영화 채널(아프리카 매직 어반)을 두고 있을 정도이다. 한마디로 놀리우드 영화는 서구의 시각과 스타일에 맞춘 이를테면 영화제용 영화가 아니라—시골 마을이나 현대적인 도시 풍경과 소품을 배경으로 나이지리아 전통 의상을 입고 SUV를 타고 있는 등장인물이 이야기를 이끌어가는—나이지리아적 디테일과 현실적 주제로 가득한 영화인 것이다.

장르와 플롯

놀리우드 영화는 갈등이 해소되기 전에 반전에 반전이 거듭되는 TV 연속극이나 텔레노벨라와 같은 플롯의 특성을 보이면서 종종 내용 측면에서 사회적 규범에서 벗어난 다소 충격적인 일탈을 다루기도 한다. 대부분 영화가 일확천금의 성공을 거두거나 부자가 되고 싶다든지, 주인공이 불치병에 걸리거나 다른 사람의 재산을 질투한다든지, 선남선녀를 그리워하는 등 관객이 한 번쯤 경험했거나 자기 일일 수 있다고 여길 만한 실제 일상의 경험과 감성을 스크린을 통해 연출한다(Okome, 36).

서사 영화는 가장 자주 사용되는 놀리우드 영화의 장르이다. 이 때문에 영화의 무대는 과거를 무대로 혹은 전통적인 마을의 풍경이나 삶을 배경으로 유명한 역사 속의 인물이나 전쟁을 묘사한다. 예를 들어 초기 놀리우드 영화 가운데 하나인 〈무상가 전투Battle of Musanga〉(1996)는 1800년대 중반 이보족 마을로 물밀듯이 들어온 기독교 식민주의자들과의 갈등을 다룬 대표적인 역사 영화 가운데 하나이다. 물론 허구에 기초한 서사 영화도 있다. 〈이고도: 살아있는 시체들의 땅Igodo: Land of the Living Dead〉(1999)은 한 마을의 세대 간 영적 갈등을 다룬 이른바 전형적인 아프리칸 블랙 매직 영화이기도 하다. 마을의 주술사들이 장래가 촉망된 마을의 한 소년을 죽음으로 내몰자 이에 분노한 혼령들이 나타나 마을에 저주를 내리고 마을 사람들이 마을 혼령들의 저주를 풀기 위해 각고의 노력을 한다는 내용이다(Miller, 65).

이 같은 블랙 매직의 서사 얼개는 나이지리아의 어디를 가든지 흔히 볼 수 있는 전형적인 시골 마을을 배경을 한 초기 놀리우드 영화이든 혹은 화려한 도시 풍경을 배경으로 한 뉴 놀리우드 영화이든 가릴 것 없이 하나같이 어떤 일정한 서사 공식으로서 수많은 드라마 장르 영화의 단골 소재로 굳어진 경향이 있다(Miller, 65). 이를테면 주인공이 경고를 무시하고 잘못을 저질러 초자연의 신이나 마을 혼령의 분노와 저주를 자초하는 식이다. 뒤이어 분노의 저주와 불행이 주인공 주위에 들이닥친다. 그러고 나서 주인공은 잘못을 깨닫고 초자연의 신과 마을 혼령의 분노를 달래고 저주를 깨기 위해 부단한 노력을 기울인다는 식의 내용이 뒤따른다. 대표적인 사례가 재산을 차지할 목적으로 블랙 매직의 주술을 사용하여 아내를 살해하지만 결국에는 천벌을 받는다는 내용의 첫 놀리우드 영화 〈속박의 삶〉이다. 대체로 놀리우드 영화는 양심과는 거리가 먼 악행을 일삼던 악당은 갑자기 마른하늘에서 번개가 치고 전지전능한 목소리가 들리는 등의 어떤 초자연 현상 앞에서 느리고 고통스러운 고뇌에 찬 몰락 과정을 거치는 가운데 천벌을 받는다.

화려한 도시를 배경으로 한 뉴 놀리우드 영화의 경우, 대체로 코미디 · 드라마 · 서사극 · 로맨스 · 스릴러 · 액션 · 가족극 등의 장르적 틀을 기반으로 하더라도, 블랙 매직의 장르적 패턴과 유사한 서사 주제를 담고 있는 것은 놀리우드 영화가 가진 매우 큰 특징 가운데 하나이다. 대표적인 뉴 놀리우드 영화감독인 쿤리 아폴라얀 감독의 서스펜스 스릴러 영화 〈피규린: 아라로미레The Figurine: Araromire〉(2009)에서도 이러한 패턴을 찾아볼 수 있다. 영화는 봉사단 캠프에서 복무하던 두 주인공이 어느 날 숲속에서 폐허가 된 사당에서 신비한 여신 조각상 아라로미레를 발견하면서 벌어지는 이야기를 담고 있다.

대부분의 영화 속 주인공은 대부분 자신의 꿈을 실현하기 위해 가족의 희생을 서슴지 않는 극단을 보여주지만, 부의 성공을 알리는 화려한 자동차, 값비싼 의상, 저택, 그리고 화려한 실내 장식들로 연출된 시각 영상을 수반한 이야기는 이내 사회적 규범의 일탈과 도덕 붕괴와 연결되면서, 악당은 벌을 받고 피해자는 복수에 성공한다는 식의 인과응보의 멜로드라마로 끝을 맺는다. 이를테면 2004년 제작된 〈위험한 쌍둥이Dangerous Twins〉는 타데 오기단Tade Ogidan 감독이 만든 놀리우드 영화로, 세계적으로 많은 팬을 가진 놀리우드 스타 램지 누아Ramsey Nouah가 주연을 맡았다.

타이오는 자신과 쌍둥이 형제 관계인 케힌데와 자신의 정체를 바꾸기로 결심한다. 런던에서 사업을 하는 타이오는 라고스에 사는 동생 케힌데로 신분을 속이고, 반대로 케힌데는 런던에서 타이오로 위장한다는 것이다. 타이오는 케힌데에게 자신의 여권을 주면서 아이를 가질 수 없는 자신을 대신해서 아내 주디를 임신시켜 줄 것을 요청한다. 케힌데는 런던에서 타이오의 사업을 성공적으로 운영하고, 케힌데의 실체를 알아차리지 못하는 주디는 타이오의 바람대로 케힌데의 아이를 임신하게 된다. 그러나 타이오는 나이지리아의 삶과 사업에 제대로 적응하지 못하면서, 케힌데에게 원상 복귀를 요구하지만 케힌데는 나이지리아로 돌아가는 것을 거부한다. 영화는 타이오가 동생과 그의 아이들을 살해하면서 형제간의 우애와 결혼은 비극적인 파국을 맞이하는 것으로 끝이 난다.

블랙 매직의 인과응보 이야기는 매춘의 함정과 잘못된 유혹에 빠진 도시 여성을 소재한 〈글래머 걸〉과 〈도미틸라: 매춘부 이야기Dolitilla:

The Story of a Prostitute〉(1996), 그리고 〈제니파Jenifa〉(2008) 등에서도 찾아볼 수 있다. 영화가 결말에 이르게 되면 위협받던 가족, 도덕, 정의 그리고 사회적 규범은 제자리를 찾게 되는 방식이다. 인과응보는 놀리우드의 장르 영화의 플롯에서 가장 자주 쓰이는 주제적 의미를 지니지만, 어떤 인과응보에 가까운 교훈을 담보로 영화가 갖는 일종의 상투적인 주제의식은 영화 기법상의 스타일이나 편집 기술을 통해 전개되는 것이 아니라, 사회에 해를 끼칠 만한 극단적 일탈의 내용을 담은 줄거리나 이야기 전개를 통해 어떤 충격의 효과를 불러일으키고 관객들의 분노를 노골적으로 자극하는, 이른바 분노의 미학이라고 불릴 만한 것을 통해 전개된다(Adesokan, 81). 이와 같은 놀리우드 영화 스타일은 매우 틀에 박힌 상투적인 연출이긴 하지만, 관객의 몰입을 높이는 속도감 있는 서사 전개와 편집 덕분에 영화가 전개될수록 마치 관객이 영화 속 현장에 있는 것처럼 사실감과 현장감을 높여 나이지리아 및 사하라 이남 아프리카를 넘어 관객들의 관심과 인기를 끄는 데에 크게 일조했다.

그러나 놀리우드 영화는 만들어지는 영화 대부분이 비디오 영화라는 점에서, 이들 작품을 기존의 아프리카 작가주의 영화와 비교해서 영상 미학상의 어떤 특징과 차이를 단적으로 재단하여 말하기는 매우 어렵다. 그럼에도 한 가지 분명한 것은 놀리우드 영화가 기존의 아프리카 작가주의 계열 영화들과 완전히 다른 방식으로 관객들의 호응을 끌어내고 인기를 얻고 있다는 점이다. 작가주의 영화들이 대체로 열린 결말을 채택하고 있지만, 놀리우드 영화는 한 치의 의문 없이 사건을 매듭짓고 끝을 맺는 점이 다르다. 따라서 놀리우드 영화는 어떤 열린 결말이나 생각할 여운조차 남겨놓지 않는, 누구나 예상 가능한 닫힌 결말의 영화라는 점이 특징이다(Baaz & Palmberg, 104).

그동안 놀리우드 영화와 아프리카 작가주의 영화는 사실상 같이 만날 일이 없었다. 와가두구의 범아프리카 영화제(FESPACO)와 남아공의 더반 국제 영화제(DIFF)는 비디오 제작 방식의 놀리우드 대중 영화를 잘 받아주지 않지만, 아프리카 전역에 널려 있는 비디오방은 놀리우드 영화와 같은 대중 영화 비디오를 틀면 틀었지, 작가주의 계열의 셀룰로이드 예술 영화를 상영할 리가 만무하기 때문이다(Krings & Okome, 26).

하지만 산업적인 측면에서 비디오 제작 방식은 역설적으로 놀리우드가 외형상 폭발적으로 성장하는 데 원동력이 되었다. 경제적인 관점에서 비용 절감이 가장 큰 이유이기도 하지만, 무엇보다도 나이지리아를 비롯해 서아프리카, 나아가 아프리카 어디든 제대로 영화를 상영할 만한 극장 내지는 상영관이 사실상 전혀 없었기 때문이다. 이런 점에서 놀리우드 영화는 역동적이고 아프리카 대중의 기호와 취향에 맞는 아프리카 대중 영화의 출현을 알리고 있다(Onuzulike, 21).

사실 기존 아프리카 작가주의 영화와 비교해도 놀리우드 영화는 기술적인 한계와 문제점이 뚜렷하고 화질도 조잡하다. 그러나 두 부류의 영화 사이의 가장 큰 차이점은 초기 아프리카 작가주의 영화가 아프리카 영상 미학과 보편적 예술을 추구하는 데는 성공했을지는 몰라도, 관객을 끌어모으고 확고한 대중성을 확보하는 데는 한계가 있었다. 이에 비해 놀리우드 영화는 제대로 된 상영관이 없어 관객이 영화를 보기 어려운 기존 셀룰로이드 필름 기반의 아프리카 영화가 실패한 유통 배급의 문제를 비디오 영화 제작을 통해 일거에 해결하고 일반 대중 관객을 확보하는 데 성공했다는 점이다(Okome, 36).

놀리우드 영화의 가장 큰 강점은 영화 자체의 작품성과 품질이 아니라 배급과 유통을 통해 수요자로서 관객에게 얼마나 쉽게 다가갈 수 있는가 하는 문제를 해결한 데 있다. 게다가 철저히 시장과 유통을 중시한 놀리우드 영화는 비록 불법 복제라는 내재적인 숙제가 있긴 하지만 비디오 영화를 만드는 데 있어, 외부의 의존 없이, 최대 난제인 재원 문제를 자체적으로 해결했다(Miller, 76). 이는 아프리카 문화 산업의 자립과 지속 가능성의 관점에서 종래의 아프리카 작가주의 계열 영화 대부분이 프랑스 혹은 다른 유럽 국가의 주재국 문화원 재정 지원에 전적으로 의존함에 따라 그들의 문화 예술 정책에 순응하거나 영향받을 수밖에 없는 것과는 완전히 차원이 다른 것이다(Okome, 34).

놀리우드의 위기와 뉴 놀리우드 영화의 등장

영화 산업으로서 놀리우드의 성공 뒤에는 아프리카 최대의 불법 복제 시장이라는 복잡한 현실적 문제가 자리 잡고 있다. 실제로 2018년 발간된 IMF 보고서에 따르면, 최근 15년간 나이지리아 GDP의 57%가 지하 경제에서 창출되고 이는 수치상으로 세계 최대인 것으로 확인되고 있다(Medina & Schneider, 53). 1990년대 초 케네스 은네부의 성공 이후 10년간 놀리우드는 괄목할 만한 성장을 기록해왔다. 그러나 이후 시장이 과포화 상태에 이르면서 각종 문제점이 속속 드러나기 시작하고 이윽고 영화 산업 자체가 붕괴할 위기에 봉착한다. 국가 차원의 제도적인 지원과 뒷받침이 사실상 없는 상태였고 국내 시장에는 비디오 필름 마켓 이외에는 제대로 된 상영관조차 없는 상황에서도 놀리우드 영화는 급속한 성장을 이루면서 1990년대 중반 이후부터는 불법 복제와 비공식 유통망을 통해서 전 세계로 보급되기 시작한다.[8)]

신작 영화의 VCD 혹은 DVD의 도매 단가는 통상 350~400나이라(1.75~2달러, 2013년 기준 환율) 정도로 추정되며, 신작 영화의 DVD 소매 단가는 필자의 경험상 1,000~2,000나이라 정도를 형성하고 있다(2016년 아부자 시 우세 마켓Wuse Market 기준). 놀리우드 영화는 지역 시장에서 평균 5만~20만 카피 정도 판매되는 것으로 추산되며, 대박을 터트린 흥행작의 경우 1백만 카피 정도 판매되는 것으로 추산된다(Miller, 52).

이 같은 불법 복제와 비공식 유통 채널은 놀리우드 영화와 영화 산업을 아프리카 대륙을 넘어 전 세계적으로 널리 알리는 데는 크게 일조한 것도 사실이다(Jedlowski, 39). 하지만 결국 과도한 불법 복제의 증가는 놀리우드 영화 산업에 심각한 위기를 초래하게 된다(Tade & Mmahi, 275). 여기에는 놀리우드 영화의 미디어 제작 매체가 VHS에서 VCD로 바뀐 데다가, 위성TV 채널과 인터넷 플랫폼과 같은 새로운 콘텐츠 유통 채널이 등장한 점도 주요 요인으로 들 수 있다. 다시 말해 불법 복제에 기반한 나이지리아 영화 산업의 거대한 지하 경제와 디지털 기술은 놀리우드 영화의 갑작스러운 붐을 일으킨 장본인인 동시에 위기의 주범이기도 한 것이다(Lobato, 65).

---

8) 나이지리아에서 필름 마켓은 라고스(이두모타), 오니차(어퍼 이웨카), 그리고 아바(파운드 로드) 등에 있다(Ayakoroma, 105). 나이지리아에 제대로 된 멀티플렉스 기반의 상영관이 들어서기 시작한 것은 2004년 라고스에 실버버드 갤러리아 시네마가 생긴 이후부터이다.

아프리카 최대 규모의 영화 유통 시장 가운데 하나인 라고스 근교 알라바 국제 시장 풍경
(출처: Aljazeera America 2014,
URL: http://america.aljazeera.com/multimedia/2014/12/nollywood-nigeriaregroups.html)

앞서 언급한 것처럼, 나이지리아 경제의 특성은 지하 경제의 비중이 대단히 높다. 시중에 한 번 발행 유통된 화폐 가운데 60%는 제도 금융권으로 환수되지 않는다. 타 업종과 마찬가지로, 나이지리아 비디오 영화 산업도 셀 수 없이 많은 소규모 영세 업체 사이의 비공식적 상호 거래에 의존하고 있었다. 불법 미디어 복제가 제공한 상업 경제의 인프라를 기반으로 불법과 합법의 불안한 동거 관계에서 진화했다. 나이지리아는 불법 복제와 관련한 법 규정이 있음에도 불구하고, 느슨한 법 집행과 행정 규제로 인해 불법 복제는 그 자체가 쉽게 돈을 벌 수 있는 사업이었다(Tade & Mmahi, 275). 규제가 없는 데다, 있으나 마나 한 저작권 법은 경쟁자들에게 상대적으로 낮은 진입 장벽을 제공했다. 이 때문에 나이지리아 영화 산업은 엄청난 모방과 치열한 경쟁의 연속이었지만,

오히려 이것은 놀리우드가 단기간 내에 급속한 양적 성장을 이루어 내는 데 일정 부분 기여했을지는 몰라도 자국 영상 콘텐츠 산업을 갉아먹는 또 다른 위기를 초래하는 원인을 제공했다(Tade & Mmahi, 275).

실제로, 1990년대 초만 하더라도 불과 몇 편 되지 않던 연간 제작 편수는 2000년대 중반에 가면 연간 1,500편을 웃돌게 된다. 그러나 매주 출시되는 엄청난 편수의 낮은 품질의 비디오와 천편일률적인 내용에 식상한 나이지리아 관객은 점차 자국 연예 산업에 흥미를 잃어갔고, 나날이 바뀌는 기술 환경은 이 같은 위기에 기름을 부은 꼴이 되었다.

디지털 기술의 도입은 비디오로 대표되는 나이지리아 영화 산업에 근본적인 전환과 변화를 모색하게 되는 계기를 제공했다. 이른바 극장 상영관 배급이 아닌 비디오 직배 모델을 창출해낸 것이다. 그렇지만 놀리우드 영화는 근원적으로 불법 복제가 가장 큰 문제였다. 홍콩과 인도의 볼리우드조차 불법 복제의 비중이 높기는 하지만 일정 부분 제도권 내 극장 상영의 출구가 보장되어 있다. 그러나 이들의 상영관과 같은 기반 시설이 전무 하다시피 한 놀리우드는 비디오 말고는 마땅한 배급망을 갖추고 있지 못한 상황에서, 필름 테이프 기반의 VHS 영화 제작에서 디지털 방식의 비디오 CD 제작 방식 전환은 불법 복제의 문제를 더욱 악화시키는 상황을 연출했다(Jedlowski, 36).

VHS 시절에는 영화 한 편당 최대 15만 카피를 제작해서 유통 시장에 내놓으면 만일 흥행이 좋지 않더라도 테이프를 회수하여 재활용하는 방식으로 투자 손실을 줄일 수 있었다(Jedlowski, 37). 디지털 방식의 비디오 CD가 도입된 후에는 이 같은 방식이 더는 통하지 않게 되었다. 컴퓨터만 있으면 누구나 쉽게 복제가 가능해져 엄청난 규모의 지하 놀리우드 영화 시장이 새로 만들어졌기 때문이다. 이에 따라 불법 복제의 우려 때문에 편당 정품 제작 카피 수도 예전의 1/10로 대폭 줄어들어 한 번에 겨우 1~2만 개 정도의 정품 수량만 찍어낼 수밖에 없는 상황으로 내몰리게 된 것이다(Jedlowski, 38).

게다가 2003년에는 위성TV의 아프리카 매직Africa Magic을 비롯한 영화 채널의 개국과 놀리우드 영화 전용 케이블 방송의 등장, 그리고 인터넷 사이트를 통한 불법 복제의 증가도 놀리우드 영화의 하락세를 더욱더 부채질하면서 영화 산업 자체를 막다른 골목으로 몰고 갔다(Jedlowski, 37).

이러한 상황은 2008년과 2009년에 가서야 겨우 바닥을 찍었지만, 영화 산업의 구조 자체는 사실상 붕괴 직전이었고, 작품당 투입 가능한 평균 제작 단가는 겨우 2백만 나이라(약 15,000달러) 정도에 불과했다(Jedlowski, 38). 합법적으로 추산 가능한 정품 판매 카피 수는 1만~2만 개 사이 정도였는데, 제작 편수가 눈에 띄게 줄어들면서, 영화 산업가의 유지 자체가 불가능할 지경이었다. 최근까지도 유통되는 DVD 가운데 열에 아홉은 불법 복제 영화인 데서 알 수 있듯이, 지하 경제에 의존한 놀리우드 영화의 성장과 세계화는 내부적으로는 영화 산업의 위기를 역설적으로 초래한 것이다(*Time* 2011). 실제 2011년 한 해 기준으로 나이지리아 영화 산업에서 불법 복제가 차지하는 비율은 82%에 이르게 된다(*The Guardian* 2011).

놀리우드 영화 산업이 이와 같은 위기를 맞이할 무렵, 많은 제작자는 먼저 불법 복제에 맞서 영화 산업의 부활을 꾀할 한 가지 방책으로서 해외 시장에 눈을 돌려 난국을 타개하고자 한다. 다국적 출연 배우와 제작진을 동원한 해외 현지 로케이션 제작, 35mm 영화 촬영, 비디오 출시가 아닌 극장 상영 등을 시도한 점 등이 바로 그것이다(Jedlowski, 45). 이와 같은 방식으로 제작된 영화는 이후 나이지리아만이 아니라 주요 아프리카 국가의 대도시를 중심으로 멀티플렉스 극장 관람 문화의 부활을 주도하고자 시도했다.

이를 위해 이들 영화가 취한 전략은 라고스 등의 대도시 내 멀티플렉스 개봉은 물론이고 런던 등지의 해외 교민과 아프리카 이주민 관객을 타깃으로 하여 기존 비디오 영화 제작과 달리 대규모 자본과 글로벌 공동 제작 방식을 통해 처음부터 대형 스크린 극장 개봉을 목표로 영화를 제작했다. 여기에는 제타 아마타 감독의 〈어메이징 그레이스〉(2006)와 쿤리 아폴라얀의 〈이라파다〉(2006)와 〈피규린〉(2009) 등을 대표적인 영화로 꼽을 수 있다. 물론 선진국의 영화 제작비와는 비교할 수 없지만, 기존의 놀리우드 비디오 영화 제작비보다는 상당히 큰 규모의 투자가 뒷받침된 덕분에 영상 제작 품질을 비롯하여 모든 면에서 기존 비디오 영화보다 훨씬 뛰어난 수준을 보여준 이들 영화는 처음부터 다국적 제작진과 해외 현지 촬영을 통해 극장 개봉과 영화제 등의 해외 시장 진출을 목표로 제작되었기에 이들 영화를 일명 뉴 놀리우드 영화라고 부른다.

〈어메이징 그레이스〉는 30편의 비디오 영화를 만든 바 있는 제타 아마타 감독의 첫 35mm 영화이다(Armes, 33). 영화는 18세기 서아프리카 흑인 노예를 수송하는 노예 무역선의 선원 출신으로 성공회 사제가 되고 〈어메이징 그레이스〉를 작사한 존 뉴턴의 일화를 바탕으로 한 역사극으로서, 나이지리아 영화 가운데 처음으로 그해 프랑스 칸 국제 영화

제의 필름 마켓에서 상영된 기록을 세웠다. 2007년에는 나이지리아의 놀리우드 영화인 피스 아니암-오시게가 2005년 아프리카 영화 발전을 위해 제정한 아프리카 영화 아카데미 영화상(AMAA)에서 촬영상을 받았다. 이것은 향후 놀리우드 영화들이 극장 개봉과 국제 영화제 출품을 목표로 제작되는 전기를 마련하는 데 큰 역할을 했다(Jedlowski, 45).

나이지리아 극장 개봉 시 5백만 나이라의 극장 매출을 올리고 영국 오데온 시네마 극장 개봉에도 성공한 바 있는 쿤리 아폴라얀의 〈이라파다〉는 일정 기간 극장 상영 뒤에 DVD로 출시된 첫 나이지리아 영화로 자리매김했다(Jedlowski, 46). 이것은 당시 나이지리아 영화의 극장 상영이 이제 막 시작 단계이고 여전히 많은 수의 영화가 비디오 CD 또는 DVD로 제작 출시되던 시기임을 생각해본다면 아폴라얀의 사례는 상당히 의미 있는 전통과 관례를 마련한 것으로 간주할 수 있다.

쿤리 아폴라얀은 〈피규린〉(2009)과 〈폰 스왑〉(2011)을 통해 라고스와 런던 모두에서 나이지리아 관객을 대상으로 성공적인 개봉과 이익을 거두었다. 특히 2009년 로테르담 국제 영화제에도 출품된 바 있는 서스펜스 스릴러 영화 〈피규린〉은 높은 수준의 영화적 완성도와 상업적인 성공을 동시에 거두면서 나이지리아와 아프리카를 넘어 세계 각지의 놀리우드 관객을 겨냥한 뉴 놀리우드 시네마의 성공적인 모델이 되고 있다(*New York Times* 2012). 2014년 개봉된 〈October 1〉은 압도적인 파노라마와 크레인 쇼트, 장엄한 음악과 클로즈업 등으로 기존의 놀리우드 미학을 넘어서는 작품으로 평가받는다. 제작 예산인 2백만 달러는 심지어 기존 놀리우드 영화 예산의 범위를 압도적으로 넘어선 것으로서 세계적인 주류회사인 기네스Guinness 및 라고스 주정부 등에서 펀딩을 받아 영화를 제작했다(Miller, 37).

이에 비해, 〈피규린〉과 〈폰 스왑〉은 놀리우드의 문법과 미학에 더 가깝다. 〈피규린〉은 저주받은 피규린에 관한 스릴러이고 〈폰 스왑〉은 우연히 전화기가 바뀐 두 주인공 사이에 벌어지는 좌충우돌에 관한 로맨틱 코미디이다. 이밖에 에멤 이송Emem Isong과 툰데 켈라니Tunde Kelani의 영화도 적극적인 해외 배급을 추진한 뉴 놀리우드 영화로서 주목받고 있다.

스테파니 오케레케 감독의 〈유리창 넘어〉(2008)도 놀리우드 영화의 또 다른 성공적인 해외 제작 사례이다. 다국적 출연진을 동원하여 미국 LA를 배경으로 이주민 다문화를 소재로 한 코미디 영화로서, 실버버드 시네마 배급을 통해 개봉되었을 때, 3주 만에 1천만 나이라(약 65,000달러)의 박스오피스 매출을 기록했다(*Vanguard* 2009). 이것은 당시 나이지리아 전국에 몇 되지 않는 개봉관 상황을 생각한다면, 사실상 대단한 기록이라고 할 수 있다. 오케레케 감독의 성공에 힘입어 멀티플렉스 개봉관 문화의 부활이 검토되고 유사한 소재를 다룬 장르 영화들이 앞다투어 나오기 시작했다.

뉴 놀리우드 영화에서 해외 아프리카 교민 사회를 소재로 한 영화 제작은 마케팅 차원에서 현지 촬영과 스토리 못지않게 중요한 요소로 간주한다. 치네제 안예네의 〈이제〉(2010)의 경우는, 250만 달러의 제작비를 투입하여 나이지리아 특급 배우 주니비에브 은나지와 오모톨라 잘라드-에카인데를 비롯한 다국적 출연진과 제작진을 동원하여 미국 캘리포니아와 나이지리아 플라토 주를 오가며 현지 촬영을 진행하였다. 〈이제〉는 아메리카 드림의 환상과 미국의 인종 차별과 성차별의 냉혹한 현실 사이의 괴리를 다룬 범죄 스릴러물이다. 이 영화는 2010년 라고스 실버버드 시네마에서 프리미어 개봉한 것을 비롯하여 총 5개 상영관(라고스의 실버버드, 오존, 제네시스-디럭스, 아부자의 실버버드, 포트 하코트의 제네시스-디럭스)에서 3주 만에 6천만 나이라(약 380,000 달러) 이상의 박스오피스 매출을 올려, 현지에서 같은 시기 개봉된 할리우드 영화 〈캐리비언 해적〉의 인기를 능가했다(Jedlowski, 47). 〈이제〉는 아프리카뿐만 아니라 런던의 오데온 극장에서도 프리미어 개봉을 하고, 보스턴 국제 영화제를 비롯한 유수의 국제 영화제에도 초청되는 등 세계적인 성공을 거둘 수 있었다(*Bellanaija* 2010). 이들 뉴 놀리우드 영화의 잇따른 성공은 단순히 몇몇 영화의 상업적 흥행을 넘어 이제 나이지리아의 영화 산업이 대도시 멀티플렉스 극장 개봉 중심의 디지털 영화 산업으로 본격적으로 재편되고 있음을 보여주고 있다고 할 것이다.

놀리우드의 미래와 디지털 시네마

나이지리아는 혹독한 경제 위기와 불황을 겪은 지 불과 20여 년 만에 아프리카 최대의 경제 대국이자 영화 대국으로 성장했다. 이에 걸맞게 영화의 도시 라고스는 라고스 아일랜드에 있는 서아프리카에서 가장 오래되고 가장 큰 이두모타 마켓과 나이지리아 최대의 전자 제품 시장인 알라바 국제 시장을 중심으로 아프리카 최대의 비디오/DVD 필름 마켓이 형성되어 있다.

그러나 이제 영화의 소비는 서서히 디지털 필름 기반의 멀티플렉스 시네마와 인터넷 스트리밍 중심으로 패러다임이 바뀌고 있다. 2004년 라고스 빅토리아 아일랜드에서 실버버드 갤러리아 개관을 시작으로 나이지리아 최초의 멀티플렉스 시네마 시대를 연 실버버드 시네마 그룹은 라고스와 아부자 등 대도시를 중심으로 총 10개의 멀티플렉스를 운영하고 있고, 곧 그 뒤를 이어 제네시스 디럭스 시네마가 라고스와 포트 하코트, 그리고 에누구 등지에서 총 4개의 멀티플렉스를 개관 운영하고 있다. 가장 최근에 문을 연 필름 하우스 시네마 그룹은 라고스 지역 내 세 개의 멀티플렉스를 포함하여 이바단, 포트 하코트, 칼라바 등을 비롯한 7개 도시에서 총 10개의 멀티플렉스를 운영하고 있으며 연말까지 5개의 신규 멀티플렉스 개관을 앞두면서 나이지리아 최대 멀티플렉스 상영관으로 발돋움하고 있다. 이외에도 서아프리카 최초의 IMAX 상영관 건설이 라고스에서 추진되었다(*This Day Live* 2015). 램지 누아 주연의 〈잘될 거야Thy Will Be Done〉는 영국 런던의 BFI IMAX 상영관에서 놀리우드 영화 최초로 IMAX 영화 개봉에 성공했다(*BBC* 2015).

이것은 라고스 기반의 비디오 영화 산업에서 시작한 놀리우드가 불과 20여 년 만에 세계적인 멀티플렉스 영화 산업으로 변모하고 있는 상황을 극적으로 보여주고 있는 대목이다. 비디오 중심의 영화 산업이 멀티플렉스 상영관을 기반으로 한 메인스트림 개봉 영화 중심으로 바뀌는 추세에 따라, 놀리우드 영화 산업 자체는 이제 대도시 기반의 문화 산업으로 근본적으로 변화하고 있으며 이것은 나이지리아 영화의 대중적 접근성과 사회적 영향에도 큰 변화를 가져올 것이 분명해 보인다. 물론 이것은 놀리우드가 이미 아프리카 대륙을 넘어 전 세계 아프리카 다문화 공동체뿐만 아니라 세계적인 협력 기반을 바탕으로 한 전 지구적 극장 개봉 영화로 변신을 꾀하고 있다는 증거이기도 하며 그 가능성 또한 무궁무진하다. 2015년 나이지리아 언론과의 인터뷰에서 〈연평해전〉의 김학순 감독도 앞으로 한국 영화와 나이지리아 영화 간 협력은 얼마든지 가능하다는 견해를 피력하기도 했다(*Leadership* 2015).

세계적인 동영상 스트리밍 회사인 미국의 넷플릭스는 2015년 놀리우드 영화의 동영상 스트리밍 서비스를 제공하기 시작했다. 넷플릭스는 1997년 미국에서 DVD 대여업체로 출발한 이후, 2007년 인터넷을 이용한 주문형 비디오(VOD) 사업을 시작하여 세계적인 업체로 성장했다. 넷플릭스의 등장으로 미국의 거의 모든 비디오 대여점은 문을 닫았고, 케이블TV 시장도 영향받고 있다. 넷플릭스는 2015년 초 나이지리아의 165만 달러짜리 최신 인기 영화 〈10월 1일October 1〉의 주문형 온라인 스트리밍 상영에 관해 이미 독점 계약을 체결했다. 최근에는 글로벌 스트리밍 영화 제작 서비스를 목적으로 캐리 푸쿠나가Cary Fukunaga의 인기 전쟁소설 〈국경 없는 야수〉의 판권을 1,200만 달러에 매입했다(*Premium Times* 2015).

이뿐만이 아니다. 순전히 놀리우드 영화만을 위한 나이지리아 최초의 온라인 주문형 비디오 방식의 플랫폼도 등장했다. 대표적인 플랫폼이 나이지리아의 넷플릭스라 불리는 iROKOTV이다. iROKOTV는 2011년 12월 런던 출신의 나이지리아 신생 사업가 제이슨 은조쿠Jason Njoku에 의해 웹 플랫폼을 기반으로 설립된 OTT 스타트업이었다. 지금은 윈도·iOS·안드로이드·애플 TV 등, PC와 스마트폰을 아우르는 다양한 멀티 디바이스를 통해 놀리우드 콘텐츠 서비스를 제공하는 글로벌 OTT 플랫폼으로 성장했다. 한마디로 iROKOTV는 놀리우드 영화 산업의 글로벌 유통 체계에 일대 전환을 가져온 것이다.

맨체스터 대학에서 화학을 전공한 은조쿠는 대학 졸업 후 곧바로 창업에 뛰어든다. 그는 블로그 네트워크, 티셔츠 판매, 웹디자인 등 분야에서 잇단 실패를 맛본 후 아프리카에 미국의 훌루와 넷플릭스 같은 OTT 플랫폼이 없다는 점에 착안하여 당시 BP에 근무하고 있던 대학 동문 바스티안 고터의 투자와 지원을 기반으로 곧바로 라고스로 가서 놀리우드 영화의 라이선스를 사들이면서 본격적으로 사업을 준비한다. 은조쿠는 유튜브와 놀리우드 채널 파트너 계약을 체결한 후, 현재의 iROKOTV의 전신인 놀리우드러브NollywoodLove라는 이름의 놀리우드 영화 채널을 개설했다. 채널 개설은 두 달 만에 폭발적인 반응을 끌어냈다. 테크크런치TechCrunch의 관련 취재 후, 벤처 캐피털 투자 회사의 투자 제안이 쏟아져 들어온 것이다(Lacy 2011). 은조쿠는 2010년 타이거 글로벌의 3백만 달러의 투자를 기반으로, 마침내 2011년 독자적인 주문형 비디오 플랫폼 iROKOTV를 런칭하고, 놀리우드 영화 콘텐츠를 전 세계 가입자를 대상으로 서비스를 제공하기 시작했다. 기존의 유튜브 채널 '놀리우드 러브'는 'irokotv'로 개편하여, 2020년 현재 구독자 수 128만 명의 유튜브 채널로서 놀리우드 영화와 가나 영화(일명 갈리우드Ghallywood)를 서비스하고 있다.

iROKOTV는 넷플릭스에도 콘텐츠를 제공하기로 했다는 보도도 이어졌다(*Techcabal* 2015). 특히 AB 키네빅AB Kinnevik과 RISE 캐피탈RISE Capital로부터 2천 2백만 달러의 벤처 투자에 뒤이어 2016년에는 프랑스 비방디 그룹 산하의 CANAL+ 등으로부터 1천 9백만 달러의 지분 참여가 잇따르면서 2016년 한 해에만 총 4천만 달러의 투자를 끌어내는 데 성공한다

(Oluwafemi 2016). iROKOTV는 유튜브 · 아이튠즈 · 아마존 · 비메오 등과도 콘텐츠 공급과 관련한 파트너십을 맺고, 브리티시항공 · 에미레이트항공 · 케냐항공 · 유나이티드항공 · 사우스아프리카항공 등의 세계 유수 항공사와 제휴 관계를 통해 놀리우드 영화를 배급하고 있다(Miller, 133). 또한, 2015년부터는 전 세계 30개국에서 1천 3백만 명의 DVB 가입자와 2천만 명의 OTT 가입자를 가진 디지털 위성 케이블 TV 플랫폼 사업자인 중국계 스타타임스Startimes와 제휴를 통해 2개의 TV 채널(iROKO Play 및 iROKO Plus)을 개설하여 놀리우드 영화를 서비스하고 있다(Briel 2015).

iROKOTV의 이 같은 행보는 아프리카 최대의 경제 대국이자 인구 대국인 나이지리아를 기반으로 한 놀리우드 영화가 가진 디지털 시대의 글로벌 성장 잠재력을 잘 보여주는 것이라 할 수 있다. 주문형 플랫폼을 기반으로 한 놀리우드 영화의 글로벌 진출과 그 확장성은 나이지리아 놀리우드 영화 산업의 생산성, 대중성, 그리고 작품성을 생각해 볼 때 이제부터 시작이라고 할 수 있다(Fortune 2015).

현재 놀리우드 영화는 iROKOTV 이외에도 다양한 플랫폼을 통해 서비스되고 있다. 우선 2020년 현재 아프리카 전역에서 2천만 명 이상의 유료 가입자를 보유하고 있는 남아공의 멀티초이스MultiChoice를 들 수 있다(Thomson 2020). 멀티초이스는 1986년 남아공에서 설립된 아프리카 최대의 가입자 기반 종합 미디어 회사로서 엠넷M-Net과 슈퍼스포츠SuperSport 등의 TV 채널과 디지털 위성TV 브랜드인 DSTV 및 유료 지상파 TV인 GOTV 등을 통한 방송 서비스를 주로 사하라 이남 아프리카 국가들을 대상으로 제공하고 있다. 또한, 넷플릭스와 아마존 프라임 비디오와 유사한 온라인 주문형 VOD 서비스인 쇼맥스Showmax를 유럽과 아프리카에서 서비스하고 있다. 이와 같은 다양한 플랫폼을 기반으로 멀티초이스는 2003년 놀리우드 영화를 포함한 아프리카 전용 프로그램 방영을 위한 '아프리카 매직'을 시작한 바 있다. 현재 아프리카 매직 하우사, 요루바, 이보 등의 지역 언어별 특화 채널뿐만 아니라 아프리카 매직 쇼케이스 및 아프리카 매직 에픽 등의 다양한 놀리우드 영화 전용 채널을 서비스하고 있다.

2013년 3월 2일 토요일 라고스 시내 스테이트 하우스에서 굿럭 조너선 나이지리아 대통령은 놀리우드 스타들을 초청하여 1992년 9월 케네스 은네부의 〈속박의 삶〉의 출시로 시작된 놀리우드 탄생 20주년 기념 만찬을 베풀었다. 이 자리에서 조너선 대통령은 일명 '프로젝트 놀리우드'라고 명명된 3억 나이라 규모의 나이지리아 영화 산업 지원 기금 조성 계획을 발표했다. 연방 정부 기금을 통해 공식적으로 영화 시나리오 창작, 영화인 역량 강화 및 영화 산업 기반 시설 지원을 통해 놀리우드 영화 산업 발전을 제도적으로 지원하겠다는 것이다(*Bellanaija* 2013). 이러한 연방 정부 차원의 산업 지원은 놀리우드 산업의 지속 발전 가능성을 보다 적극적으로 전망하고 가늠해 볼 수 있는 또 하나의 잣대가 될 수 있다.

놀리우드는 지난 짧지 않은 시기 동안 아프리카 스크린을 혁명적으로 바꾸어놓은 전 지구 차원의 문화 현상이라고 말할 수 있다. 많은 국가가 영화 산업의 발전을 위해 정부 자금과 보조금 혹은 영화 쿼터 등으로 자국의 영화 산업을 보호 육성하고 있음에도 불구하고 자국 영화의 경쟁력을 유지하는 것조차 힘든 것은 사실이다. 이에 비해 놀리우드는 정부의 개입이나 보조금이 없이 자생적인 영화 콘텐츠를 제작하고 발전시켜 왔다. 오히려 역설적으로 정부 개입의 부재 상황에서 오로지 창업과 엄혹한 시장 환경 적응을 위한 혁신성이 놀리우드의 성공 요인일 수 있다(Arewa 2015). 놀리우드는 어떠한 정치적 이데올로기 내지는 국가 주도의 성장과 지원이 없이 순수 민간 주도의 상업적 기반에 토대를 두고 자생적 발전과 성장을 이루었기 때문이다.

이런 점에서 놀리우드는 개발 도상국의 문화 발전 산업을 위한 대안 모델을 제시하고 있다. 2009년 유네스코가 지적했듯이 놀리우드의 폭발적인 성장은 상당한 투자를 해야 하는 미국이나 유럽의 영화 제작 및 배급 모델에 대한 대안 및 자국 내 창의 산업 발전을 희망하는 개발 도상국들의 큰 관심을 끌만하다고 볼 수 있다(UNESCO 2009). 나이지리아 영화 산업 성장과 발전은 개발 도상국의 영화 제작 편수가 선진국의 그것에 비해 뒤처져 있는 현 추세와도 상반되는 부분이기 때문이다. 실제로 놀리우드 영화 산업은 2000년부터 10년간 평균 인구 백만 명당 연간 6.4편에서 10.6편의 영화를 제작하고 있다.

놀리우드 영화 산업이 거둔 성공에도 불구하고, 개발 도상국의 영화 제작 격차를 해소하고 산업 발전을 촉진하는 것은 여전히 난제에 속한다. 지속 가능성을 담보로 영화 산업을 창출하기 위한 최적의 방법과 방안을 도출하는 것은 각각의 경제 사회와 산업 환경의 속성과 참여자의 자발성을 생각한 현실적 대안으로 마련해야 하기 때문이다.

아프리카 최대의 대도시 라고스의 작은 비디오 숍에서 탄생한 놀리우드 영화는 그동안 아프리카 민중의 삶의 애환과 그들의 삶의 취향과 그들의 문화적 가치를 공유하는 대중 영화로 성장해왔지만, 이제 뉴 놀리우드 영화는 아프리카뿐만 아니라 전 세계 대도시로 이주해 사는 엘리트 아프리카인의 삶의 취향과 문화적 가치를 공유하는 글로벌 시네마로 성장하고 있다. 따라서 그들의 이야기는 아프리카 민중의 삶의 그것과는 근본적으로 다른 글로벌 대도시의 이주 문화 혹은 다문화를 반영한다. 이제 뉴 놀리우드 영화는 초국가적 의미의 나이지리아 영화인 것이다. 한마디로 놀리우드 영화 미래는 매우 밝다고 말할 수 있다. 뉴 놀리우드는 미디어의 생산과 소비에서 아프리카 대륙과 전 세계 대도시를 중심으로 한 다문화 공동체의 문화 소비재 차원을 넘어 보다 큰 의미의 디지털 미디어 혁명을 기획하고 있기 때문이다.

5

역사, 문학 그리고 놀리우드 시네마:

치마만다 아디치에의 『태양은 노랗게 타오른다』

들어가는 글

『태양은 노랗게 타오른다Half of a Yellow Sun』는 나이지리아의 떠오르는 신예 작가인 치마만다 아디치에Chimamanda Adichie의 두 번째 소설로서, 대략 나이지리아 독립 초기부터 1967~1970년 사이에 벌어졌던 나이지리아 비아프라 내전의 말미까지 대략 십여 년 정도의 시공간을 다루고 있는 작품이다. 아디치에는 종교적인 가부장제로 인해 파괴된 어린 시절에 관한 이야기를 다룬 첫 소설 『자줏빛 히비스커스Purple Hibiscus』(2004)로 영연방 작가상을 수상한 바 있다.

1977년에 태어난 아디치에는 나이지리아 동남부 이보족 출신이다. 자신은 비록 비아프라 내전을 직접 겪은 세대는 아님에도 불구하고 작품 속 역동적인 역사의 서사는 대중의 관심을 환기하는 데 성공함으로써 제국주의와 식민주의 그리고 1960년 독립 후 신식민주의를 겪으면서 잃어버린 나이지리아의 정치적, 사회적 질서와 정의 회복 그리고 갈등과 전쟁으로 인한 상처로 고통받는 사람들의 치유와 화해를 시도한다.

어린 시절 아디치에와 그의 가족은 나이지리아가 낳은 세계적인 소설가 치누아 아체베Chinua Achebe가 살던 집에서 살았던 적이 있다. 이런 인연 덕에 아디치에가 받은 아체베의 문학적 영감과 영향은 매우 크다고 할 수 있다. 아디치에의 부친은 소설의 주 무대를 이루는 나이지리아 동남부 에누구주 은수카 소재의 국립 나이지리아 대학교에서 교수를 지냈으며, 비아프라 내전으로 말미암아 집과 가족을 잃는 등 그의 가족이 겪은 수난사는 아디치에의 소설 안에 고스란히 녹아있다(Kimber 2006). 아디치에는 "내전이 치러지는 동안에 권력을 유지했던 사람들이 오늘날에도 여전히 실세로 군림"하면서 전쟁을 일으킨 수많은 문제가 오늘날 해결되지 않은 채 남아 있다고 말하면서 자신의 소설이 "개인의 이야기인 동시에 정치적인 문제"를 다루고 있으며, 그래서 나이지리아의 정치적 맥락은 작품을 이해하는 데 매우 중요함을 피력한 바 있다(Kimber 2006).

일찍이 비아프라 내전은 부치 에메체타Buchi Emecheta의 『비아프라 운명Destination Biafra』(1982), 치누아 아체베의 『전쟁의 소녀들Girls at War and Other Stories』(1972), S. O. 메주S. O. Mezu의 『떠오르는 태양 뒤로Behind the Rising Sun』(1971) 그리고 플로라 은와파Flora Nwapa의 『네버 어게인Never Again』(1975)뿐만 아니라 월레 소잉카Wole Soyinka와 크리스토퍼 오키보Christopher Okigbo 등이 전쟁의 참상을 세상에 알린 바 있다(Bryce 2008, 61). 오키보의 경우, 전쟁이 일어나기 전부터 나이지리아 동남부 에누구Enugu에서 아체베와 출판사를 세워 활발한 시 창작 활동을 벌이고 있었다. 전쟁이 발발하자 그는 비아프라군에 자원입대하여 소설의 무대이기도 한 은수카Nsukka에서 벌어진 전투에 참전하였으나 치열한 공방 끝에 연방 정부군이 쏜 총탄에 사망하고 만다(Wikipedia 2018). 오키보를 모델로 한 아디치에의 소설 속의 등장인물로서 시인 오키오마Okeoma도 오키보처럼 비아프라 전투에 참전하여 사망한다(Adichie 2007, 219). 작품 속에서 오키오마는 비아프라 공화국의 탄생을 찬양하면서 다음과 같은 시를 쓴다. "해가 뜨기를 거부한다면, 우리가 뜨게 하리라"(133).

아디치에는 오키보와 아체베의 뒤를 잇는 새로운 세대의 출현을 세계 문단에 알리는 동시에 비극적인 비아프라 내전에 관한 새로운 관점과 관심을 불러일으키고 있다(Ines 2011, 260). 소설은 1960년 10월 1일 나이지리아 독립 선포일을 기점으로 1960년대 말 나이지리아 연방 정부가 나이지리아 남동부 이보족 지역인 이른바 비아프라의 분리 독립을 저지하기 위해 자행한 봉쇄 정책으로 수백만 명에 달하는 아이들이 질병과 기아로 굶어 죽어간 비아프라 내전 종식 시기까지를 다룬다.

비아프라 내전을 소재로 한 아디치에의 소설은 2013년 나이지리아의 신예 감독인 비이 반델레Biyi Bandele에 의해 영화로 만들어진다. 영화는 곧바로 CNN을 비롯한 세계적인 언론 매체의 관심과 조명을 받으면서 단숨에 나이지리아 영화를 한 차원 끌어올린 이른바 뉴 놀리우드 영화로 자리매김한 바 있다(Soffel 2013). 반델레 감독은 1960년 나이지리아 독립 이후 찾아온 평화의 시기를 소개하면서 점차 비아프라 내전이 본격화되고, 연방 정부의 비아프라 봉쇄와 전면적인 공세가 가속화됨에 따라 겪게 되는 고난의 상황을 주인공들의 슬픔과 인내 그리고 관계의 파국에 맞추어 영화를 연출하였다. 영화는 2013년 토론토 국제 영화제에도 출품되어 뜨거운 반응을 얻는 데 성공하였다(MacInnes 2013). 영화의 정식 개봉은 2014년 5월에 이루어졌다. 개봉 당시 영화는 평단으로부터 드라마와 역사 사이의 균형을 맞추는 데 성공한 작품으로 호평 받았다. 영화는, 비록 역사드라마로서는 충분하지 않더라도, 역사의 순간을 제대로 담으려고 노력한 잘 만든 나이지리아 멜로드라마 또는 서사시 등과 같은 미디어의 호평을 얻는다(Abele 2014; Haar 2014; Kenigsberg 2014).

아디치에의 소설은 영국 제국주의의 식민 통치와 나이지리아 비아프라 전쟁이 오래전에 끝났음에도 불구하고 이로 인한 상처와 트라우마는 오래도록 모두의 일상에 그대로 남아 정치와 종교 그리고 종족 간 갈등의 불씨로 여전히 작용하고 있는 나이지리아의 치열한 삶의 현실을 작품의 소재로 다루고 있다. 아디치에는 치누아 아체베처럼 이보족이 겪은 비아프라의 아픈 역사를 토대로 소설을 쓴 이유가 예술 이상으로 중요한 무엇인가에 끊임없이 책임감을 느끼고 있기 때문인 것으로 보인다. 그녀는 비아프라의 그림자가 드리워진 시대를 사는 자기 자신이 소설의 예술적 비전만큼이나 모국인 나이지리아의 역사의 진실에 더욱 다가가고 싶었다고 밝힌바 있다(Adichie 2006).

최상위 국가 공동체로서 나이지리아의 존립 목적이 사회의 안녕과 질서 확립임을 두고 볼 때, 종족을 넘어 개인과 민중의 자유와 인권 침해로 인해 야기되는 갈등과 긴장, 그리고 그러한 억압과 질곡의 삶을 초래한 체제와 본질적 함의의 해체를 위한 투쟁은 아디치에가 다루려는 숙제 가운데 하나이다. 모든 인간의 삶은 사회 내에서 사회 정의와 자유 그리고 인권을 쟁취하기 위한 투쟁의 역사이며, 예술 작품은 대화적 상상력의 산물로서 이러한 투쟁의 삶이 빚어낸 역사의 산물이다(Bell & Desai 2014, 2).

아디치에도 소설이 역사의 영혼을 담을 수 있다는 전제로 소설과 역사에 동일한 중요성을 부여하고 예술성을 추구하면서도 시대정신에 충실하려고 노력했다고 말한다(Adichie 2006). 이를 위해 아디치에는 나이지리아 북부에서 일어난 대학살로 대표되는 국가 질서의 붕괴와 종족 차원에서 자행된 탈법과 인권 유린 그리고 뒤이어 일어난 비아프라 전쟁이 민중의 삶에 미친 영향과 심리적 트라우마, 특히－전쟁이 종국으로 치달으면서 연방 정부군의 봉쇄 작전으로 겪게 되는－비아프라 사람들의 궁핍함과 참혹한 현실 등을 주요 등장인물 각각의 시선에서 서사를 전개해나가는 독특한 형식을 구사한다.

이런 점을 고려하여 아디치에가 인종, 계급, 문화, 인권, 식민주의와 반식민주의 등에 관한 치밀하고 적확한 묘사를 통해 어떻게 이보족 민중의 삶의 질곡을 이야기하고 있는지 조망할 필요가 있다. 아울러 나이지리아의 정치·역사·문화의 해석적 맥락에서 역사 서사와 다큐멘터리 방식을 활용한 독특한 장르적 특성과 캐릭터 활용을 통해 다양한 정치적 사회적 역사적 문제를 드러내고, 나아가 아디치에가 정치·역사·문화가 일상의 삶에 미치는 영향에 대한 이해를 바탕으로 제국의 식민 통치와 나이지리아 독립 이후 잃어버린 사회 질서와 정의 회복, 그리고 공동체 구현을 위한 미래의 희망을 그리고 있는지 살펴본다.

역사의 트라우마: 문학과 영화

아디치에의 소설이 보여주는 등장인물들 사이의 갈등과 긴장 관계는 그 자체가 영욕으로 점철된 나이지리아 독립 초기의 정치와 역사의 축도라 할 수 있다. 이를 살펴, 소설을 각색한 반델레 감독의 영화도 1960년 10월 1일 나이지리아 독립 선포 행사와 관련한 당시의 다큐멘터리 흑백 기록 영상을 영화의 첫 장면으로 보여주면서 시작한다. 영화는 나이지리아의 초대 총리인 아부바카르 타파와 발레와Abubakar Tafawa Balewa에게 독립 증서를 수여하기 위해 라고스 공항에 도착한 영국의 알렉산드리아 공주 일행과 이들을 환영하는 현지 인파의 모습을 담은 다큐멘터리 흑백 영상을 있는 그대로 사실적으로 보여준다. 영화는 나이지리아의 정치적 사건을 담은 TV 뉴스 방송의 기록 영상 자료와 당시 라고스 시내 곳곳에서 벌어진 독립 축하 장면을 극적 몽타주로 보여준다. 이윽고 카메라는 영화의 중심 서사를 이끄는 두 주인공인 이보족 출신의 부유한 사업가의 쌍둥이 딸인 올라나Olanna와 카이네네Kainene의 중심 서사로 돌아온다.

아디치에는 나이지리아가 겪고 있는 모든 질곡의 근본 원인은 영국 제국에 의해 자행된 인종 차별적이고 억압적인 나이지리아의 식민지화라고 본다. 식민주의는 나이지리아 사람들 사이의 종족과 문화, 종교, 경제와 관련한 다양한 갈등과 차별을 더욱 악화시키는 근본 원인이었다. 나이지리아의 국경과 행정 구역은 300개 이상의 서로 다른 종족 집단이 가진 다양성을 고려하지 않고 일방적으로 영국이 인위적으로 설정한 것을 그대로 이어받았기 때문이다(Falola & Heaton 2008, 17).

게다가 부족 간의 긴장과 갈등 그리고 차별은 무슬림이 주를 이루는 하우사족과 대부분 부족민이 기독교도이고 공화제를 선호하는 이보족 사이에 심한 편이었다. 특히 프레드릭 루가드 경Sir Frederick Lugard이 설계한 간접 통치를 기반으로 한 영국의 식민주의는 나이지리아 독립 과정에서는 정치적 영향력을 행사하기 더 쉽다는 이유로 대부분의 정부 통제권을 하우사족에 이양했다(Miles 2015, 14). 이에 비해 나이지리아 동남부를 거점으로 한 이보족과 서쪽의 요루바족은 상대적으로 강력한 중산층을 갖고 있고 경제적으로 부유한 편이었다. 영국은 나이지리아가 독립한 이후에도 계속해서 영국의 이익에 부합하도록 나이지리아 연방 헌법을 제정하고 계속해서 연방 정부에 외교적 영향력을 행사하고 있었다.

아디치에가 인터뷰에서 밝히고 있는 것처럼 발레와가 이끄는 초대 나이지리아 정부는 믿을 수 없을 정도로 국민에게 인기가 없었다. 왜냐하면, 영국은 그가 부정부패를 통해 권력을 잡도록 지원을 아끼지 않았고 사람들은 그런 그가 나이지리아를 위해 일을 하는 것이 아니라 식민본국인 영국을 위해 일하는 부패한 꼭두각시라고 믿었기 때문이다(Kimber 2006).

아디치에는 작품 도처에서 식민주의를 비판한다. 오데니그보 Odenigbo의 입을 통해서는 발레와가 아는 주인은 백인밖에 없으며 그래서 영국이 그를 수상 자리에 앉힌 것은 영국 웨스트민스터 의회에서 무슨 지시를 내리면 그대로 하는 꼭두각시이기 때문이라고 비판한다 (Adichie 2007, 88). 한 걸음 더 나아가 나이지리아 독립 후 정치 지도자들에 대해서 "신흥 나이지리아 상류층은 값비싼 레바논 식당에서 아무것도 읽지 않고 먹기 싫은 음식을 먹으면서 한가한 대화를 나누는 문맹자들의 집단"이라고 카이네네를 통해 묘사한다(54). 식민주의가 끔찍한 이유는, 식민주의 권력이 식민지에서 물러간 뒤에, 권력을 잡은 아프리카인들이 식민 청산을 제대로 하지 않은 채 그들 스스로 식민주의자가 되는 상황과 조건을 그대로 유지하거나 만들어내고는, 그들 자신이 식민지 본국의 권력으로부터 보고 배운 것을 그대로 따라하는 신식민주의이기 때문이다(Kimber 2006).

실제로 1960년 영국으로부터 독립을 승인받은 뒤 새로이 정권을 잡은 나이지리아의 통치자들은 종주국의 식민주의 행정 권력을 그대로 모방하고, 심지어 그들과 똑같은 사고와 방식으로 착취적 권력을 행사하려는 신식민주의적 태도를 보이게 된다. 특히 독립 후에도 여전히 나이지리아를 정치적 외교적 영향 아래에 두고 싶은 영국은 나이지리아를 연방 체제로 만든 뒤 식민 지배에 비교적 협조적이었던 북부 하우사족 출신들에게 연방 정부의 주요 권력을 넘겨준 바 있다. 이에 따라 억압적인 식민주의의 후유증으로부터 개인과 국가 정체성 모두 해방의 결실을 제대로 보지 못하는 상황에서 식민주의 폭력의 후유증은 계속되고, 민족주의 성향이 강한 이보족은 종족의 기반에서 모든 권한을 박탈당한 채 착취적인 지위의 나락에 빠지고 만다(Adichie 2007, 205).

아디치에는 비아프라 전쟁의 원인을 분명히 밝히면서도 비아프라가 저지른 전쟁 중 잔학 행위도 가감 없이 묘사한다. 기본적으로 아디치에는 한 인터뷰에서 자신의 소설이 기본적으로 올라나와 오데니그보, 그리고 카이네네와 그의 영국인 남자친구 리처드 사이의 러브스토리를 담은 멜로드라마라고 말한 바 있다(Peel 2006). 그러나 소설은 오래전 있었던 나이지리아와 비아프라 사이에 일어난 내전이라는 과거의 실제 사건을 민중의 일상적인 삶의 서사 흐름 속으로 통합하려는 야심 찬 과정에서 특유의 비선형성을 드러낸다.

첫째, 이 같은 시도는 밀도 있고 세밀하게 짜인 일종의 역사 서사를 위한 것이다. 이것은 제국의 식민 통치와 종족 간 내전이 남겨놓은 잔인한 역사적 유산과 상처의 후유증으로부터 완전한 회복을 약속하기 위한 것이기보다는 오히려, 공동체가 직면하고 있는 현안과 도전을 강조하듯, 수많은 무고한 민중을 죽음으로 몰고 간 소수의 부패한 지배자들이 저지른 무책임한 행위와 관련된 모든 역사의 진실을 있는 그대로 인정하고 드러내어 세상에 알리기 위한 것이다.

둘째, 이것은 서사 흐름에 동참하기보다는 일종의 억눌린 트라우마의 귀환을 반영하는 것이다. 한편에서는 상실된 과거의 역사적 정의와 진실을 회복하려는 의지를 보여주는 가운데, 기대 이상으로 서사를 강조하면서도, 또 다른 한편에서는 역사의 기억과 트라우마의 공간에서 빠져나와 새로운 형식의 다큐멘터리 담론 형식을 전개한다(Rothberg 2000, 96). 이를테면, 아디치에는 나이지리아의 역사와 내전에 관해서 서사의 흐름을 보완하기 위해 『우리가 죽을 때 세상은 침묵했다』라는 가상의 저자가 쓴 책의 내용 일부를 일화적인 병렬적 구성 형식을 기반으로 소설 곳곳에 삽입 배치한다.

아디치에는 종족 간의 폭력으로 나이지리아 북부에서 수만 명에 달하는 이보족 학살이 자행된 대학살을 포함하여 자유와 인권이 말살된 온갖 불의와 불평등에 관한 역사적 참조의 기능을 선보인다. 자신이 직접 수집한 온갖 종류의 사진과 책 그리고 증언을 비롯한 다양한 자료를 서사로 옮기는 과정에서 난관에 부딪힐 수밖에 없는 도덕적 난제를 인정하고 있음에도 불구하고(Adichie 2007, 318), 아디치에가 역사 문학으로서 소설의 초점을 다큐멘터리 기능에 두고 있는 것은 자신이 속한 이보족 공동체가 겪은 끔찍한 역사적 사건의 기억을 환기하려는 의도로 보인다.

아디치에는 1966년 이보족 장교의 쿠데타 이후, 나이지리아 북부에서 벌어진 이보족 학살을 비롯한 비극적인 나이지리아의 역사를 묘사한다. 이를 통해, 아디치에는 국가 통일이라는 대의명분의 가면 아래 가려진 독립 이후 나이지리아에서 자행된 불법과 부정부패 그리고 신식민주의적 상황에 대한 환멸을 독자들에게 일깨운다. 이를테면 으구우Ugwu가 삼인칭 서술을 통해 자기에게 말하는 장면을 보자.

그는 신생 국가가 직면한 복잡한 문제의 하나로 1966년 대학살을 지목한다. 이보족 쿠데타에 대한 복수심과 북부 출신을 모든 공직에서 몰아내는 중앙 정부 포고령에 대한 반발이라는 표면적인 이유는 중요하지 않다. [. . .] 중요한 것은 대학살 때문에 이보족이 두려움을 느끼고 단결했다는 점이다. 중요한 것은 대학살로 인해 예전에는 나이지리아인이었던 사람들이 열성적인 비아프라 사람들로 바뀌었다는 점이다.[9)]

He gestures to complex problems facing the new country but focuses on the 1966 massacres. The ostensible reasons—revenge for the "Igbo coup," protest against a unitary decree that would make Northerners lose out in the civil service—did not matter. Nor did the varying numbers of the dead: three thousand, ten thousand, fifty thousand. What mattered was that the massacres frightened and united the Igbo. What mattered was that the massacres made fervent Biafrans of former Nigerians. (Adichie 2007, 154)

이처럼 나이지리아 북부에서 자행된 이보족 대학살로 대표되는 불법적이고 반인륜적인 참상은 나이지리아의 통일과 단결이라는 국가주의적인 구호가 얼마나 허구적이고 가식적이고 반민주적인지를 여실히 드러낸다. 거의 매일같이 이보족 사람들에게 자행된 일상의 테러와 불의에 대한 침묵의 강요가 국가의 이름으로 자행된 반인권적이고 불법

9) 이하 한글 번역 부분은 김옥수가 번역한 『태양은 노랗게 타오른다』(아디치에 [2007] 2015)를 참고하였음.

적인 폭력을 오히려 국가와 법의 이름으로 합리화한 것이기 때문이다.

아디치에는 이보족이 하우사 풀라니족, 요루바족을 비롯한 다른 종족 집단보다 훨씬 뛰어났다고 말한다. 제국이 무너진 뒤 남부 출신의 이보족 엘리트들이 높은 문해율을 바탕으로 큰 목소리를 내기 시작하자, 북부 사람들은 남부 출신들을 경계의 눈으로 바라보기 시작한다. 교육 수준이 높은 남부 출신들이 정권을 잡을까 봐 두려웠기 때문이다(119). 이 때문에 대부분이 하우사족으로 구성된 북부 나이지리아의 학교는 불법으로 이보족 아이들에게 배움의 기회를 빼앗는 상황이 빈번하게 벌어진다(36). 기업과 정부 기관들도 종족 간 갈등에 기인한 분쟁의 장소로 돌변하면서, 급기야 종족 간 갈등과 증오는 독립 이전의 식민주의를 환기하기에 이른다. "영국 총독 정부가 나이지리아라는 커다란 나라를 손쉽게 통치하기 위해 부족들을 이간질하여 하나로 뭉치는 대신 서로 싸우게 하는 정책을 편 결과"(127)가 되었다는 것이다.

그래서 독립을 했음에도 불구하고 여전히 식민 잔재를 벗어나지 못한 채 후유증에 시달리는 나이지리아의 상황은 리처드가 유럽의 한 언론 매체에 송고하기 위해 쓴 비판적인 기사를 통해서도 잘 드러난다. 리처드는 북부에서 발생한 이보족 대학살이 영국인 총독 정부가 비공식적으로 실시한 분리 정책 때문에 발생한 것이라고 고발한다. 나이지리아처럼 영토가 넓은 나라를 손쉽게 통치하기 위해서는 부족들 간 증오를 부추기고 이간질하여, 하나로 뭉치지 못하고 서로 싸우도록 부추기는 반인권적이고 불법적인 정책을 편 결과라는 것이다(127).

기사를 보낸 지 2주 후에 리처드는 서구 언론사로부터 유럽은 아프리카에서 일어난 폭력 사태에 관해 관심은 많지만, 글이 현학적이니

좀 더 인간적인 측면에 초점을 맞춰달라는 어처구니없는 요구를 받게 된다. 예를 들면 이런 식이다. 대학살이 일어날 당시에 그곳 사람들이 주문을 중얼거리지는 않는지, 콩고 사람들처럼 시신 일부를 먹은 사례는 없는지, 그곳 사람들의 속마음을 진정으로 이해할 방법은 없는지 등에 대해 초점을 맞춰달라는 요구 따위이다(128). 이러한 반응은 유럽의 상상력 속에서 아프리카는 여전히 지구상의 빈 곳이자 비교 불가능할 정도로 폭력적이고 질병이 난무하며 원시적인 곳으로 남아 있음을 잘 보여준다.

아디치에는 독립국가임에도 불구하고 식민주의 후유증으로 인해 야기된 나이지리아의 온갖 정치적, 경제적 그리고 종족 간의 갈등과 내전 상황을 구성주의와 리얼리즘 서사 패러다임을 적절히 병치하여 기술한다. 이 과정에서 아디치에는 이루 말로 표현 불가능한 충격적인 사건에 대해서 때로는 적절한 의미를 부여하면서도 때로는 있는 그대로 냉정한 어조를 유지하면서, 불법과 불의에 맞서는 저항 담론을 모색한다. 아디치에는 억압적으로 민중의 침묵을 강요하는 거대 담론 혹은 헤게모니 담론의 의미화 과정의 해체를 시도함으로써, 더 나은 시민의 미래를 추구한다는 목적의 이른바 국가 통일의 이념과 그 정당성에 의문을 제기한다. 또한 아디치에는 국가 통일과 단결이라는 미명 아래 참담한 집단 학살을 당한 이보족의 희생을 강한 어조로 비판하고 위로한다. 이를 위해, 소설 플롯의 전개상 나이지리아의 독립 후 역사와 비아프라 전쟁을 배경으로 한 멜로드라마의 형식을 견지하면서 상류층 이보족 출신의 쌍둥이 자매 올라나와 카이네네, 같은 이보족 출신으로서 은수카 대학에서 교편을 잡고 있는 오데니그보, 카이네네의 영국인 애인인 리처드, 그리고 오데니그보의 집안 일꾼으로 일하는 으구우를 포함한 복수의 관점에서 서사를 전개하고 있다.

우선 소설은 주인공인 쌍둥이 자매 올라나와 카이네네를 개성이 강하고 자기 목소리를 가진 주체적인 인물로 설정하고 있다. 올라나와 카이네네는 각각 영국과 미국에서 대학 교육을 마친 후에 나이지리아로 돌아온다. 두 사람은 오랜 외국 유학 생활로 관계가 소원해진 상태이지만, 아디치에는 두 사람이 자기 목소리가 강한 나이지리아 여성이라는 점을 처음부터 부각한다. 올라나의 경우 독립 선포일 가족 파티에 초대된 오콘지 재무 장관으로부터 재무부에 들어와 일하라는 제안을 단호히 뿌리친다. 집안의 사업과 경제적 이득을 취하기 위해 권력층과의 결혼을 바라는 신흥 이보족 부자인 부모의 요청을 거절하는 가운데, 동남부 에누구주 은수카에 있는 나이지리아 국립대학 사회학과 강사로 임용되어 그곳에서 일할 계획이 있는 올라나는 시종일관 자신의 주장을 당당히 펼치는 개성이 강하고 자립적인 여성의 모습으로 그려진다.

올라나는 대학교수로서 나이지리아의 독립을 주장하는 급진 개혁파인 오데니그보와 함께 은수카에서 살면서 매일 밤 그의 친구들과 함께 나이지리아 정치 현실에 대해 논쟁을 벌인다. 요루바, 이보, 하우사를 비롯하여 서로 다른 부족 출신의 정치인, 교수, 시인들이 함께 모여 토론하고 떠들고 웃는 오데니그보의 자택 장면은 새로운 독립을 둘러싼 희망찬 젊은 국가로서 나이지리아의 미래를 암시하는 장면이다. 그러나 나이지리아는 1960년 영국으로부터 독립을 쟁취했음에도 불구하고 여전히 영국의 영향력 아래 놓인 상황이었다. 특히 나이지리아의 독립은 사실상 완전히 다른 종족 집단의 인위적인 통일로 이루어진 탓에

서로 다른 이해관계와 종교 문화를 가진 종족 집단 사이의 긴장감이 팽배한 상태였다. 그러므로 오데니그보의 자택 장면은 1966년 벌어진 이보족 학살과 그 뒤를 이어 나이지리아 동남부 이보족의 비아프라 공화국 분리 독립 선언으로 이어질 수밖에 없던 나이지리아의 정치적 역사적 상황에 대한 축도이기도 하다(Omaka 2016, 44).

작품 속 올라나와 오데니그보의 관계에서 중요한 인물은 오데니그보의 어머니 마마Mama다. 마마는 보통의 나이지리아 여성과는 달리 해외에서 고등 교육을 받은 올라나를 불신하면서 두 사람은 첫 번째 위기를 맞게 되기 때문이다. 마마는 올라나를 마녀라고 부르면서 그녀를 당황하게 만든다. 오데니그보는 마마가 평생을 작은 시골 마을에서 보냈음을 환기하며 자신과 다른 환경에서 자란 교육받은 여성이 아들과 함께 지내고 있는 것에 대한 위기감에서 올라나를 마녀라고 생각했을 것이라며 올라나에게 이해를 구한다. 올라나는 크게 상심하지만 곧 그를 다시 받아들인다. 오데니그보는 올라나에게 결혼을 하지 않더라도 자신들의 아이를 갖고 아이의 이름을 오비아누주Obianuju라고 짓자고 제안한다. 오데니그보는 아이의 이름을 이보어로 오비아누주로 짓는 이유를 이름이 갖는 뜻 그대로 풍요로운 곳에 그녀가 올 것이기 때문이다.

그러나 오데니그보가 언급한 이 말은 또 다른 복선을 갖고 있다. 북부 나이지리아에서 이보족 주도의 쿠데타와 역쿠데타가 잇달아 일어나 정국이 불안한 상태에 놓이게 되고, 더욱이 마마가 그와 올라나 사이의 관계를 부정하며 오데니그보를 부족 처녀와 동침하게 하면서 두 사람 사이에 새로운 위기가 시작되기 때문이다. 어느 날 올라나가 런던에 가고 없는 동안 마마는 아말라Amala라는 이름을 가진 여자아이를 데리고 아들 오데니그보를 찾아온다. 마마가 가지고 온 야자술에 취한 오데니그보는 아말라와 동침하고, 올라나는 이 사실을 나중에 알게 된다.

설상가상, 아말라가 오데니그보의 아이까지 임신한 사실을 알게 되면서 올라나는 충격 속에 나이지리아 북부 카노에 있는 숙모를 찾아간다. 그녀는 오데니그보와의 관계를 끊고 싶어 하지만 숙모 이페카 Ifeka는 그녀를 설득하여 은수카로 다시 돌아가도록 한다. 이페카는 인생은 스스로 변화를 원할 때만 바뀐다고 말하면서 올라나의 인생은 자기 것이며 자신의 인생을 오데니그보의 것인 것처럼 행동하지 말라고 충고한다. 그러나 좌절감에 빠진 올라나는 어느 날 술에 취해 리처드를 유혹하여 하룻밤을 같이 보낸다. 리처드와 올라나는 이 사실을 카이네네에게 말하지 않기로 동의하지만, 올라나는 오데니그보에게 자신과 리처드 사이에 있었던 일을 말해버린다. 그럼에도 불구하고 올라나와 오데니그보는 다시 결합하게 되고 올라나는 아말라의 아이를 입양하여 자신이 키우기로 결정한다.

한편 올라나의 쌍둥이 자매인 카이네네는 나이지리아 동남부에 있는 포트 하코트Port Harcourt로 가서 집안의 사업을 이어받아 사업가가 되기로 결심한다. 독립기념일 파티에서 카이네네는 글을 쓰기 위해 아프리카에 온 리처드를 만나게 된다. 리처드는 카이네네가 오조비아 족장의 딸로서 런던에서 박사학위를 딴 재원이라고 소개받는다. 리처드는 카이네네가 가진 신비한 매력에 끌려 곧바로 사랑에 빠지게 되고 여자 친구인 수전과 헤어진다. 카이네네가 리처드에게 무언가로부터 도망치고 싶어 나이지리아에 왔느냐고 묻는 말에 자신은 항상 외톨이였고 항상 아프리카를 보고 싶어 했다고 말한다. 카이네네는 리처드를 "검은 대륙을 탐험하는 현대의 외톨이"라고 냉랭하게 부른다(Adichie 2007, 53). 그는 한때 ≪콜로니얼 매거진Colonies Magazine≫이라는 제목이 붙은 잡지에서 읽은 적이 있는 "화려한 밧줄 무늬 그릇"(48)에 매료되어 나이지리아에 온 것이다.

리처드는 나이지리아에 도착한 뒤 그와 같은 훌륭한 도자기를 만들 줄 아는 부족의 역사와 문화를 채집한다. 리처드는 은수카의 나이지리아 대학 영문과에 자리를 얻어 은수카로 가게 되고 그곳에서 오데니그보와 올라나와 친구가 된다. 이후 그는 비아프라 전쟁에 대한 글을 쓰기 시작한다. 리처드는 자신이 영국인으로서 가진 정체성과 특권을 벗어던지고 기꺼이 나이지리아 현지인처럼 되려고 시도하지만, 정작 나이지리아 현지인과 만날 때는 자신이 가진 언어와 언술과 관련된 식민주의 특권은 그대로 유지한다. 나중에 그는 전쟁이 끝난 뒤 비아프라가 힘겹게 승리한 이야기와 그때 침묵한 세상을 고발하는 이야기를 담은 책을 써야겠다는 생각에서 자신이 쓰고 있는 책의 제목을 『우리가 죽을 때 세상은 침묵했다』로 머릿속에 떠올린다. 하지만 그가 자신이 생각해 낸 책의 제목을 카이네네에게 말해주지만, 그녀는 책의 제목에 "우리"라는 대명사를 사용한 것에 눈썹을 추켜세우며 의문을 제기하기에 이른다(274).

결국, 그는 식민지 관찰자로 머문다. 리처드의 계속되는 특권이 가장 두드러지게 가시화되는 것은 사실상 카이네네와의 관계를 통해서이다. 이를테면, 그가 나이지리아 공군의 공습 위험을 무릅쓰고 취재차 비아프라의 거점 도시인 포트 하코트 인근 울리에 있는 임시 비행장을 방문했을 때이다. 그는 비아프라 측을 위해 사실상 용병으로 전투에 참전한 스웨덴 출신의 로젠 백작을 만나게 된다. 리처드가 일기장을 꺼내 수영장 옆에서 입에 담배를 물고 찍은 카이네네 사진을 보여주면서 "처음에는 이보 으크우 예술과 사랑에 빠지고 다음엔 카이네네와 사랑에 빠졌다"(229)고 말할 때, 카이네네는 리처드 자신을 아프리카로 이끈 화려한 밧줄 무늬 그릇의 발현일 뿐이다.

유럽의 정체성을 탈피하려는 그의 노력에도 불구하고, 리처드는 식민주의 인식론이 아프리카를 소비의 대상으로 어떻게 구축하고 형성하는지를 보여주는 하나의 지표가 되는 것이다. 나이지리아와 아프리카에 대해 가진 고정 관념과 본질적인 인종 차별적 이미지의 일반화는, 이를테면, 북부에 사는 하우사족은 위엄이 있고 요루바는 상대적으로 아주 쾌활하고 아첨하는 솜씨가 대단한 반면, 이보족은 무뚝뚝하지만 돈을 밝힌다는 식으로 말할 때 잘 드러난다. 결국 리처드의 존재는 아프리카인과 서구 주체의 관계에서 계속되는 우월성의 유산과 믿음을 그 자체로 예증한다. 그의 인종 차별적 태도는 급기야 카이네네가 실종된 뒤 그가 카이네네의 친구인 마두Madu 소령에게 "그 더러운 검은 손"(314)으로 카이네네에게 손을 댄 적이 있는지 대답하라고 거칠게 몰아붙일 때 노골적으로 표면에 드러나게 된다.

그러나 소설이 전개되면서 다큐멘터리를 기반으로 한 식민주의와 비아프라 전쟁에 관련한 역사 트라우마의 서사를 담당하는 등장인물은 점차 리처드가 아니라, 극도로 가난한 이보족 출신의 으구우의 몫으로 전이된다. 으구우는 오데니그보가 숙모의 소개로 집안의 요리사 겸 일꾼으로 데리고 있는 이보족 마을에 살던 열세 살 소년이다. 으구우는 오데니그보를 주인어른이라고 부른다. 으구우는 오데니그보의 집에서 일꾼으로 일하면서 차츰 교육받기 시작하고 자신만의 정체성을 형성해 간다. 오데니그보는 그를 대학 내 부설 학교에 보내 교육을 받게 한다. 으구우는 오데니그보의 친구들이 자택을 방문하여 미국의 시민권 투쟁과 알제리의 드골 등을 비롯하여 다양한 토론과 논쟁을 벌일 때, 그들의 대화를 엿들으며 지식을 쌓게 되고, 리처드가 대표한 식민지 목소리는 서사 뒤로 물러나는 대신 점차 으구우가 소설 속 전쟁과 역사 트라우마의 기록자로 등장한다. 이것은 서사 통제의 관점에서 서구 주체의 퇴장과 나이지리아의 이야기를 써가야 할 주체가 누구인지를 강조하는 의미이기도 하지만, 전반적으로 으구우가 쓰는 이야기는 전통적인 서구 소설의 서사로 구성된 이야기의 흐름을 뒤섞는 가운데, 전체 서사와 구별되는 여덟 개의 다른 스타일과 어조를 가진 단편적인 일화로 이루어져 있다. 여덟 개의 일화는 『우리가 죽을 때 세상은 침묵했다』라는 제목의 책에서 가져온 것으로, 나중에 이 책의 제목은 리처드가 으구우에게 양보한 것이고 으구우는 이 책을 자신의 주인어른인 오데니그보에게 헌정하는 것임이 밝혀진다(317).

특히, 다큐멘터리의 성격이 강하게 드러나는 이 책의 화자이자 송신자로서 "우리"와 청자이자 수신자로서 그들 "세상" 사이의 무관심과 침묵의 관계는 여섯 번째 일화에서 가장 잘 드러난다.

> 그는 비아프라 사람들이 죽는 동안 계속 침묵하고 있는 세상에 대해 적는다. 그는 이 침묵을 영국이 조장했다고 주장한다. 영국은 나이지리아에 무기를 제공하고 조언해주면서 다른 나라를 침묵하게 했다. 미국에 비아프라는 '영국의 영향력 아래'에 있는 나라였다. 캐나다의 총리는 '비

아프라가 어디에 있지?'라고 말하며 빈정거렸다 [. . .] 프랑스는 비아프라에 상당량의 무기를 팔았지만 국가로 인정해달라는 비아프라의 절박한 요구를 외면했다. 대다수 아프리카 흑인 정부는 비아프라의 독립이 자국의 분열을 촉진할까 봐 두려워 나이지리아를 지지했다.

He writes about the world that remained silent while Biafrans died. He argues that Britain inspired this silence. The arms and advice that Britain gave Nigeria shaped other countries. In the United States, Biafra was "under Britain's sphere of interest." In Canada, the prime minister quipped, "Where is Biafra?" [. . .] The French sold Biafra some arms but did not give the recognition that Biafra most needed. And many Black African countries feared that an independent Biafra would trigger other secessions and so supported Nigeria. (193)

이처럼 아디치에는 비아프라의 미래에 대하여 필사적인 희망을 품고 있는 이보족 출신의 쌍둥이 자매 올라나와 카이네네, 그리고 두 사람과 각각 연인 관계인 오데니그보와 리처드뿐만 아니라, 으구우의 관점에서도 서사가 전개되도록 하는 가운데, 소설과 소설 속에 삽입된, 책 일부로서, 여덟 개의 일화는 피해자/화자로서의 아프리카/나이지리아와 가해자/청자로서의 서구/유럽 사이의 억압과 단절 그리고 침묵의 언술 관계를 다시 한번 생각하게 한다.

이를 위해, 소설의 서사 전개와 관련하여 밧줄 무늬 도자기와 호리병 등을 비롯하여 몇 가지 반복해서 나타나는 특정 이미지를 살펴볼 필요가 있다. 우선 『우리가 죽을 때 세상은 침묵했다』의 첫 번째 일화에 나오는 호리병을 가진 여자에 관한 내용이다(67). 아디치에는 올라나의 서사를 통해 호리병에 들어있는 잘린 여자아이의 머리에 대하여 관련 이미지를 여러 차례 들려줌으로써 비아프라 내전과 같은 끔찍한 외부의 사건으로 인한 외상으로 말문을 잃어버린 여성의 침묵을 상징하는 이미지로 작용하게끔 한다. 호리병 그릇 안의 잘린 여자아이의 머리 이미지는 밧줄 무늬 도자기 그릇과 올라나의 여동생인 카이네네의 이미지와 연관된다. 앞서 언급한 것처럼, 리처드는 밧줄 무늬 도자기 그릇에 매료되어 아프리카로 오게 된다. 밧줄 무늬 도자기 그릇은 이보족의 도자기로서 이보족의 문화와 역사를 대표하는 이미지이기도 하다. 따라서 리처드가 도자기를 탐구하는 과정에서 카이네네의 연인이 된다는 점에서, 적어도 카이네네는 그를 아프리카로 이끈 아름다운 도자기의 화신이자, 나이지리아의 상징이 된다. 특히, 전쟁이 끝날 무렵 모든 것이 궁핍해지는 상황에다 난민촌의 보급품이 부족해지자, 카이네네는 암시장에 가서 먹을 것을 구하러 사선을 넘어 나이지리아 영토 안으로 들어간다. 하지만 그녀는 끝내 돌아오지 못하고 실종되고 마는 상황에 놓이게 된다.

실종되기 전의 카이네네는 올라나와 마찬가지로 외국에서 고등 교육을 받은 매우 적극적인 목소리를 갖춘 엘리트 여성이다. 카이네네의 실종은 서사 전개에 있어서 의미심장한 공백으로 작용한다. 소설 형식의 측면에서는 이야기의 흐름상 끝내 카이네네를 찾지 못하지만 올라나 자신은 여동생 카이네네가 분명히 돌아올 것이라는 확고부동한 믿음과 희망을 품고 소설이 끝을 맺는다는 측면에서 이른바 열린 결말을 보여주기 때문이다(317). 특히 사람들에게 카이네네의 사진을 보여주며 백방으로 그녀를 찾아 나선 리처드가 가끔은 너무나 서두르다가 그녀의 사진 대신 밧줄 무늬 도자기 그릇 사진을 보여줄 정도로 밧줄 무늬 도자기와 카이네네 사이의 상징적인 연관 속성은 밀접하다(298). 이런 점에서, 앞서 올라나가 목격한 호리병 속에 들어있는 잘린 어린 여자아이의 머리와 같은 이미지가 트라우마적인 경험에 기인한 여성 언술의 단절과 침묵을 상징적으로 보여준 것처럼, 카이네네의 실종 자체도 이를테면 나이지리아가 잃어버린 것과 침묵 당한 것, 그리고 잘린 것의 상징이 된다(Novak 2008, 40).

아디치에는 카이네네의 실종에 뒤이은 침묵과 단절의 서사를 가로질러 젠더와 트라우마 그리고 신식민주의 담론의 교차점에서 으구우의 목소리 강도를 더욱 선명하게 들려준다. 특히 소설의 말미에서 으구우가 작품 곳곳에 산발적으로 등장하는 『우리가 죽을 때 세상은 침묵했다』를 쓴 작가라는 사실이 밝혀진다는 점에서 카이네네는 잃어버린 여성의 목소리를 상징적으로 보여준다.

전쟁 상황이 비아프라에 갈수록 불리하게 전개되어 가는 것에 대비하여 서사 단계의 인물 간 갈등도 점차 고조된다. 사람들은 날이 갈수록 트라우마를 수반하는 고통스러운 사건과 기아에 시달리게 된다. 카이네네가 올라나와 리처드 사이의 관계를 알게 된 뒤, 그간 어색하게나마 유지해오던 카이네네와 올라나의 사이도 더욱 멀어진다. 리처드는 카이네네와 헤어진 뒤 런던으로 돌아가기 위해 공항에서 기다리는 동안 나이지리아 북부 출신의 군인들이 이보족 군인과 민간인들을 학살하는 장면을 목격한다. 올라나의 경우, 친척을 만나기 위해 북부 카노를 방문할 때, 종족 간의 갈등으로 일어난 폭동에 휘말리다 가까스로 목숨을 건지고 탈출한다. 이보족에 대한 폭력은 사실상 집단 학살로 변하면서 올라나의 숙모도 현장에서 잔인하게 살해된다.

결과적으로, 이들 각각의 인물은 자신들이 겪은 충격적인 경험을 이루 말로 표현할 수 없는 사실상 공포에 가까운 억압 상태의 심리 분열과 위축 단계의 전형적인 트라우마 증세를 보여준다. 올라나의 경우, 북부 카노에서 기차를 타고 은수카로 탈출하는 길에 한 여인이 호리병 그릇 안에 자신의 딸의 잘린 머리를 담고 서 있는 모습을 목격한다. 올라나는 자신이 직접 겪은 경험을 말하려고 애쓰지만 그러지 못한다는 점에서 트라우마를 겪는 사람의 전형적인 특징을 보여준다.

> [올라나는] 입술을 떼기가 너무 힘들어서 제대로 말할 수도 없었다. 그녀의 부모와 카이네네가 찾아왔지만 그녀는 많은 말을 하지 못했다. 그래서 자신이 목격한 것들을 오데니그보가 대신 말했다.
>
> [Olanna's] lips were heavy. Speaking was a labor. When her parents and Kainene visited, she did not say much; it was Odenigbo who told them what she had seen. (Adichie 2007, 120)

올라나와 달리 리처드는 대학살을 목격한 다른 모든 사람이 예전과 똑같이 평상시와 다름없이 살아간다는 것을 믿을 수가 없으며, 아마도 자기 자신조차도 훔쳐보기만 하는 방관자에 불과할지도 모른다는 생각에 한편으로는 두려움을 느낀다. 리처드는 자신이 여태 살해당할까 봐 두려워해본 적이 없는 것만큼이나 나이지리아에서 벌어진 이보족 대학살 역시 자신과 상관없는 피상적인 사건에 불과하고, 따라서 스스로 자신이 안전하다는 것을 이미 아는 이방인의 안경을 끼고 지금까지 비아프라인들을 바라봐 왔음을 불현듯 깨닫는다(128). 리처드는 고통받는 비아프라 사람들에 대한 자신의 경험을 글로 옮기려고 애쓰지만 현장에 관해 쓴 글이 외국의 언론에 실린 기사들과 똑같이 통속적이고 비현실적임을 깨닫고는, 글을 쓸 자신감을 잃어버린 채 집필을 그만둔다(128).

으구우의 경우도 비아프라군의 소년병으로 강제 징집을 당해 전투에 참여하는 와중에 집단 강간에 연루되는 엄청난 잘못을 저지른다(268). 전세가 갈수록 비아프라에 불리하게 전개되면서 비아프라 군정 지사인 오주쿠 대령이 소년병을 모집하기에 이른 것이다(267-269). 징집된 지 얼마 뒤, 으구우는 온몸이 찢겨나가는 큰 부상으로 제대하게 된다.

나중에 자신의 여동생도 군인들에게 강간당한 끔찍한 사실을 알게 된 으구우는 자신이 전쟁 중 겪은 말할 수 없는 고통과 트라우마에 대해 글을 쓰면서 위안과 위로를 얻으려고 애쓴다. 으구우는 낮에는 난민수용소의 일을 돕고 저녁에는 자신이 겪은 경험을 글로 쓰기 위해 애쓴다. 그는 글을 쓰는 만큼 악몽도 덜 꾸게 된다는 사실을 깨닫는다.

> [으구우는] 아이들의 삶을 글로 옮길 수 없다는 것을, 그리고 하늘에서 폭격기가 날아올 때 난민수용소 엄마들의 눈을 흐리는 공포를 제대로 묘사할 수 없다는 것을 절실히 깨달았다. 굶주린 사람들을 포격하는 너무나 잔인한 상황을 절대로 제대로 표현할 수 없을 것 같았다. 하지만 그는 노력했다. 글을 쓰는 만큼 악몽도 줄어들었다.

[Ugwu] would never be able to capture that child on paper, never be able to describe well enough the fear that dulled the eyes of mothers in the refugee camp when the bomber planes charged out of the sky. He would never be able to depict the very bleakness of bombing hungry people. But he tried, and the more he wrote the less he dreamed. (291)

이처럼 소설은 비아프라 전쟁과 이전에 발생한 이보족 대학살이라는 엄청난 역사의 사건과 일상의 평범한 사람들의 트라우마적인 상황을 연결하면서, 지속적인 수치심을 유발하는 전쟁 잔학 행위의 경험을 통해 정치와 폭력, 전쟁과 공포가 인간의 삶에 어떻게 영향을 미치는가를 좀 더 직접적으로 들려준다. 결국 아디치에가 궁극적으로 서사의 표면으로 끄집어낸 것은, 다름 아니라, 1960년 10월 제국의 식민주의로부터 독립하였음에도 불구하고 여전히 해결되지 않는 채 나이지리아의 일상을 괴롭히는 식민주의 잔재이다.

나이지리아는 1960년에 영국으로부터 독립했지만, 독립 초기부터 수많은 문제점을 안고 있었다. 수많은 부족과 문화 그리고 종교 등의 다양성을 무시한 채 국가 및 지역의 체제 자체가 영국이 일방적으로 설정한 임의적인 구조물인 탓에 독립 초기부터 지역과 부족 간에 치열한 갈등과 경제적 격차로 인해 충돌이 끊이지 않았다. 부족 간의 긴장 갈등은 1966년의 이보족 학살로 이어지고, 그 후 나이지리아 남동부의 분리와 비아프라의 분리 독립운동을 촉발한 것이다. 영화에서 반델레 감독은 당시의 다큐멘터리 뉴스 영상을 통해 남디 아지키웨Namdi Aziekiwe 초대 정부가 이보족 장교가 일으킨 쿠데타로 국가의 법질서와 행정 체제가 급격히 무너지고 이를 제압하기 위한 역쿠데타로 수립된 이론시 군사 정권마저 무너진 뒤, 북부에서는 이보족을 겨냥한 폭동과 대학살이 벌어지는 등 나이지리아 정세가 날로 악화해가는 장면을 제대로 편집하여 보여준다.

사실상 종족 간 내전이 임박하고 사람들이 전쟁 한가운데로 내몰리는 가운데 그동안 경제적으로 이보족 사람들에게 상대적 박탈감을 느끼던 북부인들은 혼란스러운 상황을 반전의 계기로 삼았으며, 학살을 피해 나이지리아 남부로 피난을 떠나는 이보족 사람들의 행렬은 줄을 이었다. 다큐멘터리 영상은 5월 29일 폭동에서 단 하루 만에 3,300명의 동부인이 북부 나이지리아에서 살해당하고, 9월 폭동에서는 자리아Zaria 주에서만 살해당한 동부인이 670명이며 카노에서는 최대 1,500명의 이보족 사람들이 살해당했음을 보여준다.

급기야 나이지리아 동남부에서 분리주의 운동이 일어나고 동부 지역 군정 지사이자 이보족 지도자인 오주쿠 대령은 나이지리아 남동부가 나이지리아와 분리 독립하여 비아프라 공화국이 될 것이라고 발표한다. 사람들이 비아프라 국기를 게양하며 기뻐하는 가운데, 비아프라의 탄생은 상처받은 이보족 사람들에게는 곧바로 미래에 대한 낙관과 희망의 상징이 된다. 영화는 거리의 사람들이 소설 제목처럼 붉은색, 검은색, 초록색 줄무늬 위로 떠오르는 노란색 반원의 태양이 그려진 비아프라 공화국 국기를 흔들며 즐거워하는 모습을 잘 보여준다. 붉은색은 이보족의 피를 상징하고 검은색은 그들의 죽음을 애도하며 녹색은 비아프라의 미래 번영을 나타내고 노란 반원의 태양은 비아프라의 영광스러운 미래를 상징한다(208).

나이지리아 동남부를 중심으로 비아프라가 나이지리아로부터 분리 독립을 선언하자 나이지리아 연방 정부는 곧바로 비아프라에 전쟁을 선포하고 영국과 러시아는 나이지리아 연방 정부에 무기를 공급한다. 나이지리아 연방 정부는 비아프라에 대한 외부의 모든 원조를 차단 봉쇄하지만, 대부분의 서방 국가들은 나이지리아 비아프라 내전에 침묵 또는 무관심으로 일관하면서 비아프라 지역의 고통은 극에 달한다 (Heerten 2017, 209).

나이지리아 연방 정부의 선전 포고와 강경 진압으로 이보족의 분리 독립의 꿈과 희망은 얼마 가지 못하고 산산조각 부서지기 시작한다. 반델레 감독의 영화가 제대로 연출하여 보여주고 있는 것처럼, 오데니그보의 자택에서 벌어지는 토론 모임처럼 평화와 낙관주의가 흐르는 서사의 전개 곳곳에 당시의 전시 상황을 알리는 뉴스 장면을 병치하여 보여줌으로써 위험과 불법적인 폭력 그리고 기아와 전쟁의 공포와 관련된 트라우마가 시간이 흐를수록 일상화되어간다. 게다가 전쟁이 계속될수록 비아프라의 상황은 악화하고 급기야 식량과 돈이 바닥을 보이기 시작한다.

나이지리아 연방 정부군과 비아프라군 사이의 전투가 치열해지자 올라나와 오데니그보와 으구우는 은수카를 떠나 고향 마을인 아바를 향해 피난길에 오른다. 올라나의 부모는 카메룬을 거쳐 런던으로 탈출하지만 마마와 화해를 하는 데 성공한 올라나는 나이지리아에 남아 오데니그보와 결혼하기로 결심하고 두 사람은 아바를 거쳐 다시 우무아히아로 이동한다. 나이지리아 정부군의 공격을 피해 남쪽으로 피난길에 오른 트럭에 붙어있는 "누구도 미래를 알 수 없다NO ONE KNOWS

TOMORROW"라는 문구는 이처럼 비아프라가 처한 불확실한 미래를 상징적으로 보여주는 대목이다(Adichie 2007, 136).

오데니그보와 올라나의 결혼식 날에도 나이지리아 연방 정부군의 공습은 전개된다. 결혼 피로연 동안, 올라나와 그녀의 가족은 나이지리아 정부군의 폭격을 가까스로 피한다. 올라나는 불결한 단칸방에서 딸을 돌보며 고단한 삶을 견디고, 먹을 것을 얻기 위해 긴 줄을 서야 하며, 공습을 이겨내야 한다. 전쟁으로 피폐해진 비아프라의 상황은 빠르게 악화하고 자기 연민을 느낄 겨를도 없다. 오데니그보는 심지어 비아프라군 장교로부터 폭력적인 살해 위협을 경험하는 등 아디치에는 전쟁 중에 비아프라 군인들까지도 불법적인 잔혹 행위를 저질렀음을 있는 그대로 묘파한다. 도처에 기아와 폭력이 난무하면서 민중이 겪는 극심한 삶의 고통과 빈곤은 절정에 달하게 된다. 오데니그보와 올라나는 결국 난민촌으로 들어가기에 이르고 그곳에서 카이네네와 재회하게 되지만, 내전이 장기화하면서 극심한 생활고에 먹을 것을 구하기 위해 사선을 넘은 카이네네는 끝내 돌아오지 못하고 실종되고 만다.

결국 비아프라 전쟁은 1967년부터 1970년까지 3년간 지속한 끝에 비아프라의 독립을 선포했던 오주쿠 대령의 코트디부아르 망명 소식과 비아프라의 항복으로 막을 내린다. 비아프라와 나이지리아는 다시 통일되지만 3년간의 내전으로 백만 명 이상의 민간인이 전쟁 중에 목숨을 잃었으며, 이 가운데는 셀 수도 없이 많은 아이들이 콰시오르코르 Kwashiorkor라 불리는 기아와 영양실조로 인한 단백질 결핍증으로 희생된다.

기아로 굶어 죽어가는 비아프라인들을 향해 공습을 퍼붓는 연방 정부군에 대한 비아프라인의 분노가 하늘을 찌르던 당시의 치명적인 죽음의 상황에 대해, 아디치에는 당시 상황이 나이지리아 연방 정부에 군사 지원과 비아프라 봉쇄를 지지 결정했던 영국 노동당 정부의 해럴드 윌슨 총리 때문이며 단백질 결핍증인 콰시오르코르는 그의 이름을 빗대어 해럴드 윌슨 신드롬으로 조롱 삼아 불렸음을 증언하고 있다 (Adichie 2007, 249; Kimber 2006). 당시 해럴드 윌슨 정부는 기근과 아사자가 기하급수적으로 증가하자 나이지리아 연방 정부군에 비아프라 봉쇄를 강화하는 무기를 제공한 것에 대해 엄청난 국내외 비난을 받는다 (Leapman 1998). 결국 이 모든 것이 식민 권력의 공모와 결탁 때문이며, 비아프라가 겪은 비극의 이면에는 나이지리아의 경제를 영국의 실질적인 무역 투자가 보다 진전될 수 있는 상태로 되돌리려는 영국 정부의 의중이 있었다. 이처럼 영국과 러시아 등을 비롯한 서구 열강의 지원을 등에 업은 나이지리아 연방 정부는 비아프라를 합병하기 위해 전쟁을 선포했던 것이다.

아디치에는 나이지리아와 비아프라 사이의 정치적 갈등과 종족 간 분쟁이 수백 년 지속한 식민주의와 명백한 관련이 있다고 본다. 경제적 정치적 제반 분야의 식민주의 잔재는 신생 독립 국가인 나이지리아를 끈질기게 괴롭히는 트라우마이다. 아디치에는 이러한 식민 트라우마가 역사적 사건뿐만 아니라 개인의 일상 깊숙이 침투해 있음을 작품 속에서 묘파한다. 따라서 그녀의 작품은 소설과 역사를 토대로 예술성을 추구하면서도 시대정신을 잃지 않으려고 애쓴 결과이다. 이를 위해 아디치에는 소설 말미에 카이네네가 돌아올 것을 믿으며, 다음 생에 태어날 때도 카이네네와 자매로 다시 태어나고 싶다는 올라나의 바람으로 끝을 맺으면서 나이지리아의 미래에 대한 희망의 끈을 놓지 않는 열린 결말을 보여준다(Adichie 2007, 317). 한편, 영화는 원작과 달리 으구우와 올라나의 가족이 폐허가 된 은수카의 집으로 다시 돌아가는 것으로 끝을 맺는다. 비아프라는 전쟁에서 패배했지만, 리처드는 카이네네를 계속해서 찾아 나서고 올라나와 으구우 그리고 치아마카는 한 가족을 이루어 삶을 꾸려나간다. 이어지는 영상 자막은 카이네네는 실종된 뒤 여전히 수수께끼로 남아 있고, 리처드는 은수카로 돌아오고, 올라나와 오데니그보는 50년에 가까운 결혼생활을 이어가고, 그 사이 으구우는 작가가 되고, 딸 치아마카는 의사가 된다는 내용을 알려주면서 영화는 끝을 맺는다.

맺음말

지금까지 살펴본 것처럼 아디치에의 소설과 영화는 나이지리아 독립 초기의 역사와 비아프라 내전을 배경으로 하고 있다. 아디치에는 등장인물들 사이의 지극히 개인적인 사랑을 다루면서도 그것을 정치적이고 역사적인 사건의 맥락에서 전개하고 있다. 이를 통해 개인의 일상은 정치에 의해 영향받고 있고 그 반대도 마찬가지임을 곳곳에서 암시하고 있다. 오데니그보는 말한다. 아프리카인이 가진 유일하게 순수한 정체성은 부족의 그것이다. 그래서 자신이 나이지리아인으로서의 정체성은 다름 아닌 백인이 만들어준 것이며, 나아가 자신이 흑인인 이유도 백인들이 가능한 백인들 자신과 다른 것으로서 흑인을 구축한 결과이다. 하지만 자신은 백인이 아프리카에 오기 전에도 이미 이보족이었다고 주장한다(24).

오데니그보에 대한 올라나의 사랑은 그녀를 급진적인 정치의 세계로 이끌고, 카이네네에 대한 리처드의 사랑은 인종과 정치의 경계를 넘는 이유가 된다. 이를 통해 영화는 사랑과 배신, 화해와 용서, 전쟁과 폭력 그리고 정의, 식민주의와 반식민주의 등 다양한 주제를 담아내고 있다. 특히 올라나와 카이네네의 사랑은 그들이 고통스럽게 관계를 끊었지만 결국 다시 만나게 되면서 두 쌍둥이 자매를 중심으로 한 화해와 용서의 문제는 전쟁 중인 정치 집단의 화해와 용서를 넘어 궁극적으로 나이지리아의 통합과 미래를 상징적으로 반영한다.

이를테면 쌍둥이이면서 전혀 닮지 않은 올라나와 카이네네는 만남과 헤어짐을 고통스럽게 반복하면서 나이지리아가 겪고 있는 갈등과 분쟁의 축소판이라 할 수 있다. 궁극적으로 카이네네의 실종은 나이지리아의 화해와 화합이 여전히 해결되지 못한 채 현재 진행형임을 상징한다. 두 사람은 어린 시절 가까이 지냈지만 성장하면서 떨어져 산다. 올라나는 카이네네의 연인인 리처드를 유혹함으로써 카이네네를 배신한다. 오데니그보는 어머니가 데리고 온 하녀 아말라와 동침함으로써 올라나를 배신하고, 리처드는 올라나와 하룻밤 같이 잠으로써 카이네네를 배신한다. 결국 이 모든 배신은 개개인에게 엄청난 고통과 개인적인 성찰의 시간을 야기하지만 이들은 결국 이전보다 더 큰 용서와 더 강한 충성심으로 이어진다. 올라나는 오데니그보를 되찾고, 카이네네는 리처드의 필사본을 태워버리지만 결국 그와 함께 있게 되고, 올라나와 카이네네도 다시 화해한다. 이와 같이 아디치에는 잘 짜인 등장인물의 전개를 통한 개인 차원의 사랑과 배신, 화해와 용서를 이야기하면서 궁극적으로 보다 큰 정치적 차원의 화해와 용서를 담은 서사로 연결하고 있다.

이를 위해 아디치에는 비아프라 내전 시기의 전쟁의 참상과 잔인성을 개별 인간의 일상을 통해 이야기하는 한편, 억압적인 식민주의가 종족 간 갈등과 전쟁을 비롯한 모든 문제의 시작임을 갈파하는 가운데 서사 전개 곳곳에 당시의 상황에 대한 다큐멘터리를 삽입하고 있고, 영화에서도 서사 곳곳에 당시의 흑백 뉴스를 보여줌으로써 서사 맥락 차원에서 리얼리티와 역사적 현장감을 더욱 환기하는 효과를 거두고 있다.

궁극적으로 아디치에는 인간의 일상적인 사랑에서 전쟁의 폭력적인 잔인함에 이르기까지 인간 경험의 모든 깊은 부분을 탐구하면서, 인간의 일상과 삶은 정치·역사와 동떨어진 별개의 것이 아니라 서로 밀접하게 연결되어 있음을 갈파한다. 이를 통해 아디치에는 나이지리아의 식민주의 역사와 정치가 자행한 엄청난 불의와 고통이 있더라도 그러한 고통을 견디고 참을 수 있는 것은 인간의 화해와 사랑임을 강조하고 있다.

참고문헌

Abele, Robert. 2014. "'Half of a Yellow Sun' Doesn't Add Up to a Satisfying Whole." *Los Angeles Times*, May 23. Accessed January 15, 2018. 〈http://www.latimes.com/entertainment/movies/la-et-mn-half-yellow-sun-review-20140523-story.html?〉

Adesokan, Akin. 2009. "Practising Democracy in Nigerian Films." *African Affairs* 108/433.

______. 2011. *Postcolonial Artists and Global Aesthetics*. Bloomington: Indiana University Press.

Adichie, Chimamanda N. 2006. "Truth and Lies." *The Guardian*, September 16. Accessed November, 2017. 〈https://www.theguardian.com/books/2006/sep/16/fiction.society〉

______. 2007. *Half of a Yellow Sun*. Toronto: Vintage. [아디치에, 치마만다 응고지. (2007) 2015. 『태양은 노랗게 타오른다』. 김옥수 역. 서울: 민음사.]

Afolayan, Adeshina, ed. 2014. *Auteuring Nollywood: Critical Perspectives on The Figurine*. Ibadan: University Press PLC.

Al Jazeera. 2013. "Boko Haram attacks an air base in Nigeria," December 3. 〈http://www.aljazeera.com/video/africa/2013/12/boko-haram-attacks-an-air-base-nigeria-2013123164011457106.html〉

Arewa, Olufunmilayo B. 2015. "Nollywood and African Cinema: Cultural Diversity and the Global Entertainment Industry." *Diversity in Intellectual Property: Identities, Interests, and Intersections*, edited by Irene Calboli & Srividhya Ragavan. Cambiridge: Cambridge University Press.

Armes, Roy. 2008. *Dictionary of African Filmmakers*. Bloomington: Indiana University Press.

Austen, Ralph A. & Mahir Saul, eds. 2010. *Viewing African Cinema in the Twentieth-First Century: Art Films and the Nollywood Video Revolution*. Athens: Ohio University Press.

Ayakoroma, Barclays Foubiri. 2014. *Trends in Nollywood: A Study of Selected Genres*. Ibadan: Kraft Books.

Bandhauer, Andrea & Michelle Royer, eds. 2015. *Stars in World Cinema: Screen Icons and Star Systems Across Cultures*. London: I. B. Tauris.

Baaz, Maria Erikson & Mai Palmberg, eds. 2001. *Same and Other: Negotiating African Identity in Cultural Production*. Uppsala: Nordiska Afrikainsitutet.

BBC. 2006. "Nigeria mourns pipeline victims," December 27. ⟨http://news. bbc.co.uk/2/hi/africa/6211363.stm⟩

______. 2007. "Cleric killed in Nigeria mosque," April 13. ⟨http://news.bbc.co.uk/2/hi/africa/6551489.stm⟩

______. 2013. "Nigeria: US 'to name Boko Haram as a terrorist group'," November 13. http://www.bbc.com/news/world-africa-24922833.

______. 2015. "Nollywood Film First at London's IMAX," February 26. ⟨https://www.bbc.co.uk/programmes/p02kvdfx⟩

______. 2017a. "Ecowas agrees to admit Morocco to West African body," June 5. ⟨http://www.bbc.com/news/world-africa-40158089⟩

______. 2017b. "Lagos: The megacity set to triple by 2050," August 21. ⟨http://www.bbc.com/news/av/world-africa-41004638/lagos-the-megacity-set-to-triple-by-2050⟩

BBC Hausa. "Kannywood." 〈http://www.bbc.com/hausa/topics/2c1768f1-4f46-4cad-8b85-38ceb898dfe3〉

Bell, Lee Anne & Dipti Desai. 2014. "Imagining Otherwise: Connecting the Arts and Social Justice to Envision and Act for Change." *Social Justice and the Arts*, edited by Lee Anne Bell & Dipti Desai, 1-10. London: Routledge.

Bellanaija. 2013. "Nollywood & Mr. President! Goodluck Jonathan Pledges N3 Billion Grant to the Nigerian Movie Industry at Presidential Dinner to Celebrate Nollywood at 20, 2013," March 4. 〈http://www.bellanaija.com/2013/03/04/president-goodluck-jonathan-pledges-n3-billion-grant-to-the-nigerian-movie-industry-at-presidential-dinner-to-celebrate-nollywood-at-20/〉

______. 2010. "IJE divas Omotola, Genevieve & Chineze rule the red carpet as 'IJE-The Journey' Premieres in Lagos," August 2. 〈http://www.bellanaija.com/2010/08/02/ije-divas-omotola-genevieve-chineze-rule-the-red-carpet-as-ije-the-journey-premieres-in-lagos/〉

Berman, Jonathan. 2013. *Success in Africa*. Brookline, MA: Bibliomotion.

Boyle, Joe. 2009. "Nigeria's 'Taliban' enigma." *BBC News*, July 31. 〈http://news.bbc.co.uk/2/hi/africa/8172270.stm〉

Briel, Robert. 2015. "IROKOtv Secures Startimes Channels." *Broadband TV News*, April 13. 〈https://www.broadbandtvnews.com/2015/04/13/irokotv-secures-startimes-channels/〉

Brown, Matthew. 2014. "The Crippled Cinema of a Crippled Nation: Preliminary Notes on Nollywood and the Nigerian State." *Auteuring Nollywood: Critical Perspectives on The Figurine*, edited by Adeshina Afolayan. Ibadan: University Press PLC. 257-297.

Bryce, Jane. 2008. "Half and Half Children: Third-Generation Women Writers and the New Nigerian Novel." *Research in African Literatures* 26.1: 49-67.

Baaz, Maria Eriksson & Mai Palmberg, eds. 2011. *Same and Other: Negotiating African Identity in Cultural Production*. Stockholm: Nordiska Afrikainsitutet.

The Cable. 2017. "Falana: Obasanjo must apologise for Odi Massacre not ask Buhari to dialogue with Kanu," September 18. ⟨https://www.thecable.ng/falana-obasanjo-must-apologise-odi-massacre-not-ask-buhari-dialogue-kanu⟩

CIA. 2021. CIA's The World Factbook. ⟨https://www.cia.gov/the-world-factbook/countries/nigeria/⟩

The Conversation. 2015. "From Nollywood to New Nollywood: the story of Nigeria's runaway success," September 28. ⟨https://theconversation.com/from-nollywood-to-new-nollywood-the-story-of-nigerias-runaway-success-47959⟩

Creators News. 2021. "Nollywood, the film industry in Nigeria, has become the second biggest in the world," January 5. ⟨http://creatorsnews.org/nollywood-the-film-industry-in-nigeria-has-become-the-second-biggest-in-the-world/⟩

Daily Independent. 2012. "Ken Saro-Wiwa: A Writer, the Sacrifice," October 7. ⟨https://archive.is/20130120075809/http://dailyindependentnig.com/2012/10/ken-saro-wiwa-a-writer-the-sacrifice/features-1-5/⟩

The Economist. 2011. "Africa's hopeful economy: The sun shines bright," December 3. ⟨http://www.economist.com/node/21541008⟩

The Economist. 2015. "The Ibrahim index of African Governance," October 5. ⟨https://www.economist.com/blogs/graphicdetail/2015/10/daily-chart-1⟩

Ekwe-Ekwe, Herbert. 1990. *The Biafra War: Nigeria and the Aftermath*. Lewiston, NY: E. Mellen Press.

Ernst & Young. 2012. *Ernst & Young's Attractive Survey: Africa 2012*.

______. 2013. *Ernst & Young's Attractive Survey: Africa 2013*.

______. 2014. *Africa 2014: Executing Growth.*

EU Reporter. 2013. "EU confirms its support for West Africa's development and integration," October 29. 〈https://www.eureporter.co/frontpage/2013/10/29/eu-confirms-its-support-for-west-africas-development-and-integration/〉

Falola, Toyin & Matthew M. Heaton. 2008. *A History of Nigeria.* Cambridge: Cambridge University Press.

Fisher, Luchina. 2014. "Nigeria's Nollywood Reaches Mainstream." *ABC News*, May 9. Accessed January 17, 2018. 〈https://abcnews.go.com/Entertainment/nigerias-nollywood-reaches-mainstream-half-yellow-sun/story?id=23627818〉

Fortune. 2015. "Meet 'Nollywood': The second largest movie industry in the world," June 24. 〈http://fortune.com/2015/06/24/nollywood-movie-industry/〉

GSMA. 2016. "Number of Unique Mobile Subscribers in Africa Surpasses Half a Billion, Finds New GSMA Study," July 26. 〈https://www.gsma.com/newsroom/press-release/number-of-unique-mobile-subscribers-in-africa-surpasses-half-a-billion-finds-new-gsma-study/〉

The Guardian. 2000. "250 feared dead in Nigerian pipeline explosion," July 11. 〈https://www.theguardian.com/world/2000/jul/11/4〉

______. 2011. "Nollywood goes for new models to curb piracy," January 14.

______. 2014. "Wole Soyinka: 'Nigeria needs new leaders to tackle Boko Haram'," May 12. 〈https://www.theguardian.com/world/2014/may/12/wole-soyinka-nigeria-needs-new-leaders-tackle-boko-haram〉

Haar, Pete Vonder. 2014. "*Half of a Yellow Sun* Strikes a Balance Between Drama and History." *Village Voice*, May 14. Accessed February 15, 2018. 〈https://www.villagevoice.com/2014/05/14/half-of-a-yellow-sun-strikes-a-balance-between-drama-and-history/〉

Haynes, Jonathan. 2016. *Nollywood: The Creation of Nigerian Film Genres.* Chicago: University of Chicago Press.

Heerten, Lasse. 2017. *The Biafran War and Postcolonial Humanitarianism*. Cambridge: Cambridge University Press.

The Heritage Foundation. 2021. "2021 Index of Economic Freedom: Nigeria." ⟨http://www.heritage.org/index/country/nigeria⟩

Human Rights Watch. 2011. "Nigeria: Post-Election Violence Killed 800," May 16. ⟨https://www.hrw.org/news/2011/05/16/nigeria-post-election-violence-killed-800⟩

Ikoku, Goomsu. 2004. "The City as Public Space: Abuja—the Capital City of Nigeria." ⟨https://citeseerx.ist.psu.edu/viewdoc/download?doi=10.1.1.575.6515&rep=rep1&type=pdf⟩

IMF. 2015. "Nigeria." *World Economic Outlook Database*, April 26.

Ines, Mzali. 2011. "Postcolonial Readings of Resistance and Negotiation in Selected Contemporary African Writing." Ph. D diss. Canada: University of Montreal.

Jamiu, Hakim. 2017. "What I saw in Ajaokuta Steel Plant." *The Nation,* July 28. ⟨http://thenationonlineng.net/saw-ajaokuta-steel-plant/⟩

Jedlowski, Alessandro. 2013. "From Nollywood to Nollyworld: Processes of Transnationalization in the Nigerian Video Film Industry." *Global Nollywood-Transnational Dimension of an African Video Film Industry*, edited by Matthias Krings & Onookome Okome. Bloomongton: Indiana University Press.

Kenigsberg, Ben. 2014. "In Nigeria, the Personal and the Political Clash." *New York Times,* May 15. Accessed March 15, 2018. ⟨https://www.nytimes.com/2014/05/16/movies/chiwetel-ejiofor-stars-in-half-of-a-yellow-sun.html?⟩

Kimber, Charlie. 2006. "Interview: Chimamanda Ngozi Adichie." *Socialist Review* 310. Accessed May 1, 2018. ⟨http://socialistreview.org.uk/310/interview-chimamanda-ngozi-adichie⟩

Kindem, Gorham, ed. 2000. *The International Movie Industry*. Carbondale, Illinois: Southern Illinois University Press.

Kingdoms of Nigeria. 2020. "Nigerian Independence." ⟨https://kingdomsofnigeria.com/nigerian-independence/⟩

Krause, Kai. 2010. "The True Size of Africa." ⟨http://kai.sub.blue/en/africa.html⟩

Krings, Matthias & Onookome Okome, eds. 2013. *Global Nollywood-Transnational Dimension of an African Video Film Industry*. Bloomongton: Indiana University Press.

Lacy, Sara. 2011. "You Think Hollywood Is Rough? Welcome to the Chaos, Excitement and Danger of Nollywood." TechCrunch, May 14. ⟨https://techcrunch.com/2011/05/14/you-think-hollywood-is-rough-welcome-to-the-chaos-excitement-and-danger-of-nollywood/⟩

Larkin, Brian. 2008. *Signal and Noise: Media, Infrastructure, and Urban Culture in Northern Nigeria*. Chapel Hill, NC: Duke University Press.

Layiwola, Dele. 2014. "The Home Video Industry and Nigeria's Cultural Development." *Auteuring Nollywood: Critical Perspectives of The Figurine*, edited by Adeshina Afolayan. Ibadan: University Press PLC.

Leapman, Michael. 1998. "British interests, Nigerian tragedy." *Independent*, January 4. Accessed March 1, 2018. ⟨https://www.independent.co.uk/voices/british-interests-nigerian-tragedy-1136684.html⟩

Leadership. 2015. "I'm Ready To Collaborate With Nollywood- Kim Hak-soon," November 15. ⟨http://leadership.ng/entertainment/474703/im-ready-to-collaborate-with-nollywood-kim-hak-soon⟩

Leke, Acha, et. al. 2010. "What's driving Africa's growth." McKinsey & Company, June. ⟨https://www.mckinsey.com/featured-insights/middle-east-and-africa/whats-driving-africas-growth.

______. 2014. "Lions go global: Deepening Africa's ties to the United States." McKinsey Global Institute, August. ⟨https://www.mckinsey.com/featured-insights/middle-east-and-africa/lions-go-global-deepening-africas-ties-to-the-united-states⟩

Lobato, Ramon. 2012. *Shadow Economies of Cinema: Mapping Informal Film Distribution*. London: Palgrave Macmillan.

MacInnes, Paul. 2013. "Interview: Biyi Bandele." *Guardian*, September 19. Accessed March 11, 2018. 〈https://www.theguardian.com/film/2013/sep/19/biyi-bandele-half-yellow-sun-interview〉

Mathew, Thomas. 2014. "Africa 2020: An Indian Perspective." International Relation Conference on India and Development Partnerships in Asia and Africa: Towards a New Paradigm (IRC-2013). Procedia－*Social and Behavioral Sciences* 157: 118-127.

McKinsey Global Institute. 2014. *Nigeria's Renewal: Delivering Inclusive Growth in Africa's Largest Economy*.

______. 2016. *Lions on the Move II: Realizing the Potential of Africa's Economies*.

Medina, Leandro & Friedrich Schneider. 2018. *IMF Working Paper: Shadow Economies Around the World*. IMF.

Michael, Jude. 2021. "Nigeria on high alert as Boko Haram approaches Abuja." *The Africa Report*, April 28. 〈https://www.theafricareport.com/83757/nigeria-on-high-alert-as-boko-haram-approaches-abuja/〉

Miles, William. 2015. *Hausaland Divided: Colonialism & Independence in Nigeria & Niger*. Ithaca: Cornell University Press.

Miller, Jade L. 2016. *Nollywood Central, The Nigerian Video Film Industry*. London: British Film Institute.

Mroszczyk, Joseph & Max Abrahms. 2021. "Terrorism in Africa: Explaining the Rise of Extremist Violence Against Civilians." *E-International Relations*. 〈https://www.e-ir.info/2021/04/09/terrorism-in-africa-explaining-the-rise-of-extremist-violence-against-civilians/〉

The New Humanitarian. 2003. "Over 100 Killed in Oil Pipeline Explosion and Fire," June 22. 〈http://www.irinnews.org/report/44471/nigeria-over-100-killed-oil-pipeline-explosion-and-fire〉

New York Times. 2012. "A Scorsese in Lagos: The Making of Nigeria's Film Industry," February 23. ⟨http://www.nytimes.com/2012/02/26/magazine/nollywood-movies.html?_r=0⟩

Novak, Amy. 2008. "Who Speaks? Who Listens?: The Problem of Address in Two Nigerian Tauma Novels." *Studies in the Novel* 40.1-2: 31-51.

Okonjo-Iweala, Ngozi. 2012. *Reforming the Unreformable: Lessons from Nigeria*. MIT Press.

Oluwafemi, Babakole. 2016. "iROKOtv Just Raised $19 Million, Total Funding Now At $40 Million." *TechCabal*, January 25. ⟨https://techcabal.com/2016/01/25/irokotv-just-raised-19-million-total-funding-now-at-40-million/⟩

Oluwajuyitan, Jide. 2017. "The 'war' in Southern Kaduna." *The Nation*, January 5. http://thenationonlineng.net/war-southern-kaduna/.

Omaka, Aruna Oko. 2016. *The Biafran Humanitarian Crisis, 1967-1970*. Madison: Fairleigh Dickinson University Press.

Onuzulike, Uchenna. 2007. "Nollywood: The Emergence of the Nigerian Video Film Industry and Its Representation of Nigerian Culture." MS Thesis. Clark University.

Okome, Onookome. 2010. "Nollywood and Its Critics." *Viewing African Cinema in the Twentieth-First Century: Art Films and the Nollywood Video Revolution*, edited by Ralph A. Austen & Mahir Saul. Athens: Ohio UP. 26-41.

Okonjo-Iweala, Ngozi. 2012. *Reforming the Unreformable: Lessons from Nigeria*. Cambridge, MA: MIT Press.

Panton, Kenneth J. 2011. *Historical Dictionary of the British Monarchy*. Plymouth, UK: Scarecrow Press.

Peel, Michael. 2006. "Love in the Time of War." *Financial Times*, September 9.

Premium Times. 2015. "Kunle Afolayan's October 1 gets Netflix deal," January 23. ⟨http://www.premiumtimesng.com/arts-entertainment/175482-kunle-afolayans-october-1-gets-netflix-deal.html⟩

Punch. 2017. "Separating criminality from Niger Delta agitation," January 17. ⟨http://punchng.com/separating-criminality-niger-delta-agitation/⟩

The Round Table. 1959. "Nigeria: The African giant: A survey on the eve of independence." *The Commonwealth Journal of International Affairs* 50: 55-63.

Rothberg, Michael. 2000. *Traumatic Realism.* Minneapolis: University of Minnesota Press.

Russell, Sharon. 1998. *Guide to African Cinema.* London: Greenwood Press.

Siollun, Max. 2009. *Oil, Politics and Violence: Nigeria's Military Coup Culture 1966-1976.* New York: Algora Publishing.

Soffel, Jenny. 2013. "'Half of a Yellow Sun': Thandie Newton, Typhoid and a Tale of Civil War." *CNN*, October 21. Accessed March 23, 2018. ⟨http://edition.cnn.com/2013/10/21/showbiz/half-of-a-yellow-sun/index.html⟩

Tade, Oludayo & Okoro Paul Mmahi. 2018. "Movie Piracy Networks at Alaba International Market, Lagos, Nigeria." *International Journal of Offender Therapy and Comparative Crimininology* 62.1: 274-285.

Techcabal. 2015. "iROKOtv has Announced It is Providing Content For Netflix's African Section," April 15. ⟨http://techcabal.com/2015/04/15/irokotv-has-announced-it-is-providing-content-for-netflixs-african-section/⟩

Telegraph. 2013. "Nigeria declares state of emergency in three states," May 14. ⟨http://www.telegraph.co.uk/news/worldnews/africaandindianocean/nigeria/10057720/Nigeria-declares-state-of-emergency-in-three-states.html⟩

This Day Live. 2015. "IMAX signs agreement with Filimhouse Cinemas," December 15. ⟨http://www.thisdaylive.com/articles/imax-signs-agreement-with-filmhouse-cinemas/213308/⟩

Thomson, Stuart. 2020. "MultiChoice passes 20m subscriber milestone, launches new box with Netflix included." *Digital TV Europe*, November 13. ⟨https://www.digitaltveurope.com/2020/11/13/multichoice-passes-20m-subscriber-milestone-launches-new-box-with-netflix-included/⟩

Time. 2011. "Welcome to Nollywood: Nigeria's Film Industry is More Prolific than Hollywood—and Faces Even More Piracy," July 20. ⟨http://content.time.com/time/world/article/0,8599,2084382,00.html⟩

Trading Economics. 2021. "Nigeria GDP Growth Rate." ⟨https://ko.tradingeconomics.com/nigeria/gdp-growth-annual⟩

Transparency International. 2020. "Country Data on Nigeria." ⟨https://www.transparency.org/en/countries/nigeria#⟩

UNESCO. 2009. "Nollywood rivals Bollywood in film/video production." ⟨http://www.unesco.org/new/en/media-services/single-view/news/nollywood_rivals_bollywood_in_filmvideo_production/⟩

Vanguard. 2009. "Stephanie's Through the Glass goes to Ghana, Kenya...grosses N10m," October 17. ⟨http://www.vanguardngr.com/2009/10/steph%E2%80%99s-through-the-glass-goes-to-ghana-kenya-grosses-n10m/⟩

______. 2011. "Boko Haram claims responsibility for bomb blasts in Bauchi, Maiduguri," June 1. ⟨https://www.vanguardngr.com/2011/06/boko-haram-claims-responsibility-for-bomb-blasts-in-bauchi-maiduguri/⟩

______. 2015. "Nigeria's external debt stock stands at $9.4bn," June 29. ⟨https://www.vanguardngr.com/2015/06/nigerias-external-debt-stock-stands-at-9-4-trillion-dmo/⟩

Variety. 2015. "Netflix Makes Another Big Splash With 'Beasts of No Nation'," March 2. ⟨http://variety.com/2015/film/news/netflix-makes-another-bigscreen-splash-with-beasts-of-no-nation-1201444716/⟩

Venter, Al J. 2015. *Biafra's War 1967-1970—A Tribal Conflic in Nigeria that Left a Million Dead*. Soluhull, West Midlands: Helion & Company.

Weiner, Tim. 1998. "U.S. Aides Say Nigeria Leader Might Have Been Poisoned." *New York Times*, July 11. ⟨http://www.nytimes.com/1998/07/11/world/us-aides-say-nigeria-leader-might-have-been-poisoned.html?scp=8&sq=abacha&st=cse⟩

Wikipedia. 2018. "Christopher Okigbo." Accessed January 23. 〈https://en.wikipedia.org/wiki/Christopher_Okigbo〉

World Bank. 2019. *Nigeria: Digital Economy Diagnostic Report.*

Ukadike, Nwachuku Frank. 2002. *Questioning African Cinema: Conversations with Filmmakers.* Minneapolis: University of Minnesota Press, 2002.

강김아리. 2005. 「나이지리아 외채상환 불능위기」. 『한겨레신문』, 4월 27일. 〈http://www.hani.co.kr/arti/PRINT/29872.html〉

권홍우. 2017. 「비아프라 전쟁 & 인류의 양심」. 『서울경제』, 5월 30일. 〈http://www.sedaily.com/NewsView/1OG4H1RUM5〉

김재영. 2009. 「대체기지 마그레브 뜬다」. 『동아일보』, 9월 22일. 〈http://news.donga.com/List/Economyhttp/3/all/20090321/8710317/1〉

김지은. 2015. 「활개치는 보코하람-부패 무능정부가 괴물 키웠다」. 『한겨레신문』, 1월 25일. 〈http://www.hani.co.kr/arti/international/arabafrica/675157.html〉

김형원. 2015. 「핀테크 시대① 현금이 사라진다」. 『IT 조선』, 5월 25일. 〈http://it.chosun.com/site/data/html_dir/2015/05/25/2015052585000.html〉

대외경제정책연구원. 2017. 「나이지리아 스태그플레이션: 새로운 해결책이 있는가?」. 『EMERICs 이슈분석』 91.

박기주. 2015. 「넷플릭스 한국 상륙...콘텐츠 · 유료방송 업계 '희비'」. 『이데일리』, 12월 5일. 〈http://www.edaily.co.kr/news/NewsRead.edy?SCD=JB11&DCD=A10101&newsid=01810566609595568〉

박영호. 2004. 『아프리카 거점국가 개발 및 활용방안』. 대외경제정책연구원.

박태준. 2007. 「아프리카 지역의 교육지원사업 타당성 연구」. 교육인적자원부.

서상현. 2015. 「평화적 정권교체를 통해 성장기반을 마련한 나이지리아」. 『POSRI 보고서』. 포스코경영연구원.

염유섭. 2015. 「阿 최대시장 떠오르는 나이지리아 주목해야」. 『세계일보』, 8월 27일.

윤구. 2013. 「아프리카 시장이 떠오르는 이유」. 『KOTRA 해외 시장 뉴스』, 5월 24일. 〈https://news.kotra.or.kr/user/globalBbs/kotranews/3/globalBbsDataView.do?setIdx=242&dataIdx=121443〉

이태무. 2014. 「나이지리아 양극화가 여학생 '집단 납치' 보코하람 키웠다」. 『한국일보』, 5월 19일. 〈http://www.hankookilbo.com/v/e8c665ff6174451a8402cb82cb30e47e〉

장태상. 2000. 「탈식민지 문학의 정전화: 노벨문학상 수상작가를 중심으로」. 『아프리카 연구』 12: 41-86.

전혜린. 2011. 「'자원의 저주' 딛고 경제대국 발돋움, 나이지리아, 세계는 지금」. 『통일한국』 통권 333호. 〈http://www.ipa.re.kr/ipa2008.artyboardv15/mboard.asp?exec=view&strBoardID=UnityKorea_06&intCategory=&strSearchCategory=&strSearchWord=&intPage=&intSeq=5435&SearchYear=2011&SearchMonth=9〉

조일준. 2012. 「마그레브 5개국」. 『한겨레신문』, 5월 29일. 〈http://www.hani.co.kr/arti/international/europe/535178.html〉

중앙일보. 1966. 「나이지리아에 과도 군사 정부」, 1월 17일. 〈http://news.joins.com/article/1017537〉

KB 금융지주 경영연구소. 2014. 「M-PESA, 아프리카의 모바일 뱅킹 혁명」. 『KB daily 지식비타민』 14-28호.

환경운동연합. 1995. 「나이지리아 켄 사로위와 처형 관한 성명서」, 11월 16일. 〈http://kfem.or.kr/?p=8005〉

찾아보기

▪ ㄱ ▪

가봉 … 16~17, 35, 41, 66, 87
경제 동반자 협정(EPA) … 22~23
경제 발전 … 25, 31, 42, 59, 72, 90, 111
경제 불황 … 49~50, 54, 57, 63, 79, 93~94, 114, 126~127, 136, 141
경제 성장률 … 18, 23~24, 28, 40, 48
고원, 야쿠부 … 85~86, 90, 92
국가 거버넌스 … 25
국가 리스크 … 45
〈국경 없는 야수〉 … 162
국경 없는 의사회 … 88
국내 총생산(GDP) … 23~25, 28~30, 33, 35~39, 41~42, 45~50, 52, 58~59, 105, 152
국제 통화 기금(IMF) … 23, 40, 54, 58, 111, 141, 152
군부 독재 … 7, 50, 59, 68, 92, 96~99
군사 정권 … 55, 85, 92, 98, 195
그리오 … 128
〈글래머 걸〉 … 143, 149

▪ ㄴ ▪

나이지리아 구조 조정 프로그램(SAP) … 126, 141
나이지리아 국민 민주당(NNDP) … 83
나이지리아 국영 텔레비전 방송국 … 139
나이지리아 방송 공사(NBC) … 38~139
나이지리아 방송 서비스(NBS) … 138
나이지리아 식민지 보호령 … 72, 87
나이지리아 영화 공사 … 121, 134

나이지리아 영화 산업 … 46, 111, 115, 117~118, 125, 128, 144, 153~156, 165, 166
나이지리아 영화 … 58, 116, 120, 132~135, 144~145, 157~158, 161~162, 167, 173
나이지리아 인민 진보당(NPC) … 80~81, 83
나이지리아 카메룬 국가 평의회 (NCNC) … 80~83, 139
나이지리아 텔레비전 방송 공사 (NTA) … 137, 139~141
나폴레옹 전쟁 … 69, 72
남아공 … 16~17, 25, 27, 35~38, 48, 50, 112, 151, 164
남아프리카 개발 공동체 … 20
『네버 어게인』 … 172
네트워크 준비 지수 … 46
넷플릭스 … 162~164
노예 무역 … 69, 71~72
놀리우드 … 8~9, 58, 73, 111~119, 122, 125~126, 128, 132, 136~137, 141~153, 155~167
농촌 인구 … 32, 48
뉴 놀리우드 영화 … 148, 152, 157, 159~160, 166~167, 173
니제르 델타 … 45, 53, 71, 87, 97, 102, 140

▪ ㄷ ▪

다각화된 경제 … 37, 42
단고테, 알리코 … 19
『더 이상 평안은 없다』 … 75
〈도미틸라: 매춘부 이야기〉 … 149
도시 경제 … 36
도시 인구 … 48
도시화 … 32~33, 38
동남 아프리카 공동 시장(COMESA) … 19
동부 나이지리아 텔레비전 방송국 … 139
동아프리카 공동체 … 20
디지털 시네마 … 160

▪ ㄹ ▪

라고스 … 32
라디포, 두로 … 130
라스 벤 사카 … 16
라스 하푼 … 16
라이베리아 … 16
로메 협정 … 22
르완다 … 16~17, 24
리비아 … 16, 20, 24~25, 41

▪ ㅁ ▪

마그레브 연합 … 20, 22
마그레브 … 20

마다가스카르 … 17, 20
〈마스크〉 … 134~135
마이두구리 … 105~106, 139
〈만다비〉 … 123~124
멀티초이스 … 146, 164~165
멀티플렉스 상영관 … 116, 153, 161
메가시티 … 34, 118
멧칼프 경, 프레드릭 … 79
〈모든 것이 무너지다〉 … 140
『모든 것이 무너지다』 … 74
모로코 … 16, 20~22, 24, 27, 31, 37~38
모리셔스 … 20, 24, 70
모바일 전자 상거래 … 36
모바일 정보 통신 … 35
모빌 … 53
모잠비크 … 16, 19, 23, 25
〈무상가 전투〉 … 147
문해율 … 38, 181
문화 민족주의 … 121
물가 상승 … 7, 49
민영화 … 31, 54
민주화 … 24, 45

■ ㅂ ■

바방기다, 이브라힘 … 54~55, 93~95, 126, 141
〈바시 앤드 컴퍼니〉 … 140~141
반델레, 비이 … 173, 175, 194, 196
반식민주의 … 129, 175, 200
발레와, 아부바카르 타파와 … 81, 83~84, 175, 177
발로군, 올라 … 130~131, 134~135
범아프리카 영화제 … 123, 151
베냉 왕국 … 69
〈벤더〉 … 134
벨로, 아마두 … 80~81, 84~85
보츠와나 … 16~17, 24
보코하람 … 7, 25, 45, 63, 66, 105~107
볼리우드 … 8, 111, 115, 125, 155
봉고우드 … 113
부르키나파소 … 16~17, 123
부정부패 … 56, 59, 63, 92, 100, 177, 179
부패 지수 … 45, 46
부하리, 무하마두 … 7, 45, 54, 64, 92~93, 99, 104, 107
북아프리카 … 19~24
분노의 미학 … 150
불법 복제 … 128, 152~156
불어권 아프리카 국가 … 121~122, 133
비디오 영화 … 112~113, 115~117, 127, 129~130, 133, 136~137, 142~144, 150~152, 154, 157, 161
비르니 … 67

비아프라 내전 … 8, 64, 66, 76, 85~86, 88~90, 171~173, 190, 196, 199, 201
『비아프라 운명』 … 172
비아프라 해안 … 86
비아프라 … 64, 86~89, 172~174, 178, 180, 184, 186, 188~189, 191, 193~199

▪ ㅅ ▪

사로위와, 켄 … 97, 113, 140
『사바나의 개미 언덕』 … 76
사하라 이남 아프리카 … 16, 18, 58, 123, 139, 150, 164
사헬 벨트 … 66
산유국 … 41~42, 45, 47, 52, 103
샤가리, 셰후 … 92
샤리아 법 … 101, 105
서아프리카 경제 공동체(ECOWAS) … 9, 19, 22
서아프리카 … 7, 17, 19, 22~23, 51, 63, 67, 69~70, 72~73, 76, 118~119, 121, 123, 127, 129, 132, 145, 151, 157, 160~161
석유 수출 … 7, 41, 52~53, 55, 90, 93, 105
석유 의존 경제 … 50, 54, 102
세계은행 … 46~47, 51, 54, 58, 93~94, 100~111, 126, 141
세네갈 … 16~17, 22, 24, 66, 122~124
셀룰로이드 필름 영화 … 121, 135
셈벤, 우스만 … 122~124
셰브론 … 53
셰카우, 아부바카르 … 106
소련 … 86~87, 91
소말리아 … 16, 25
소잉카, 월레 … 73, 89, 106, 113, 134, 172
소코토 왕국 … 71, 81
〈속박의 삶〉 … 114, 116, 137, 143, 148, 165
〈손소 메지〉 … 136
송가이 제국 … 68
송유관 폭발사고 … 102~103
쇼네칸, 어네스트 … 55, 95~96
수루레레 … 117~118
시에라리온 … 16~17, 129
식민주의 … 74~75, 77~78, 124, 171, 175~179, 181~182, 186~187, 194, 198, 200~201
식민지 … 18, 59, 68, 70, 72, 74~79, 119~122, 124~125, 138, 176~177, 186, 188
『신의 화살』 … 76

■ ㅇ ■

아구이-이론시, 존슨 … 84
아니암-오시게, 피스 … 158
아데로운무, 바요 … 134
아디치에, 치마만다 … 8~9, 113, 171~183, 189~191, 194, 197~201
아라로미레 … 148
아랍 마그레브 연합(UMA) … 19, 21
아랍의 봄 … 24~25
아로미레, 알라데 … 136
〈아로핀〉 … 131
아마타, 제타 … 157
아바차, 사니 … 55, 93, 96~100, 104
아부바카르, 압둘살라미 … 99
아부자 … 5~6, 22, 26, 65, 67, 94, 106, 160~161
〈아얀모〉 … 131
아월로오, 오바페미 … 9, 80, 82~83, 138
〈아이예〉 … 131
〈아자니 오군〉 … 130~131
아자오쿠타 철강 … 56
〈아제 니 이야 미〉 … 137, 143
아지보예, 아데 … 136
아지키웨, 남디 … 5, 80~82, 194
아체베, 치누아 … 8, 73~79, 113, 140, 171~172, 174
아킨톨라, 라도케 … 82~85
아폴라얀, 아데예미 … 130, 134
아폴라얀, 쿤리 … 148, 157~158
아프로팝 … 113
아프리카 경제 블록 공동체 … 19
아프리카 매직 … 146, 156, 165
아프리카 작가주의 영화 … 119, 122, 124, 144, 150~151
아프리카 카리브해 태평양 공동체(ACP) … 22
아프리카의 거인 … 47, 50
안예네, 치네제 … 159
알라바 국제 시장 … 117~118, 154, 160
알제리 … 16, 20~21, 24, 27, 41, 140, 188
앙골라 … 16, 19, 24~25, 41
앰네스티 인터내셔널 … 98
야라두아, 셰후 무사 … 97
〈어메이징 그레이스〉 … 157
에군군 … 128
〈에덴 공원〉 … 129
에메체타, 부치 … 113, 172
〈에쿤〉 … 136
에티오피아 … 5, 16~17, 19, 23~24, 32, 94, 112
연방 수도청 … 94
연평균 경제 성장률 … 39
〈오, 썬〉 … 122

오고니족 … 97~98, 140
오군데, 휴버트 … 129, 131~132
오군솔라, 이솔라 … 137
오기단, 타데 … 149
오니차 시장 문학 … 128
〈오바 코 소〉 … 130
오바산조, 올루세군 … 50, 57~58, 64~65, 89, 92, 97, 99~103, 146
〈오예누시 박사의 흥망사〉 … 134~135
오요 제국 … 68, 130
〈오일 둠〉 … 134
오일 머니 … 55
오일 쇼크 … 53, 93
오주쿠, 에메카 … 86, 89, 193, 195, 197
오케레케, 스테파니 … 159
오쿠리, 벤 … 113
오키보, 크리스토퍼 … 172
올라델레, 프란시스 … 134
올로이비리 … 53
와가두구 … 123, 151
와추쿠, 자자 … 79
외국인 직접 투자 … 27, 41
외채 부담률 … 40
요루바 극단 영화 … 128
요루바 유랑극 … 128~130
요루바어 … 17, 47, 112, 115, 137, 143
요루바족 … 17, 65, 67, 72~73, 80, 82~83, 116, 130, 176, 181
욜리우드 … 115
욤 키푸르 기념일 … 91
우간다 … 16, 24, 34, 113
『우리가 죽을 때 세상은 침묵했다』 … 179, 186, 188, 190~191
욱보마, 에디 … 134~135
〈위험한 쌍둥이〉 … 149
유네스코(UNESCO) … 49, 166
유럽 연합(EU) … 22~23
〈유리창 넘어〉 … 159
은네부, 케네스 … 114~116, 137, 143~144, 152, 165
은리 왕국 … 68
은와파, 플로라 … 172
은조쿠, 제이슨 … 162~163
〈이고도: 살아있는 시체들의 땅〉 … 147
〈이라파다〉 … 157
이바단 대학교 … 73
이보랜드 … 67
이보어 … 17, 47, 112, 115~116, 143, 184
이보족 … 17, 64~65, 67, 72, 74~75, 80~86, 116~117, 137, 139, 143, 146~147, 171, 173~176, 178~184, 187, 189~196, 200

이송, 에멤 … 159
〈이야 니 우라〉 … 134
〈이야보의 아버지〉 … 146
〈이자 오미니라〉 … 130, 134
〈이제〉 … 159~160
이집트 … 16, 20, 24~25, 27, 31, 33~34, 36~38, 47, 91
이호, 피터 … 140
인간 개발 지수(HDI) … 27, 57, 105
인도네시아 … 42

■ ㅈ ■

자원 수출 … 30, 41, 48
〈자이예신미〉 … 131
『자줏빛 히비스커스』 … 171
〈잘될 거야〉 … 161
장르 영화 … 112, 125, 146, 148, 150, 159
『전쟁의 소녀들』 … 172
〈전환기의 문화〉 … 134
정보통신(ICT) 개발 지수 … 46
〈제니파〉 … 150
조너선, 굿럭 … 7, 45, 104~106, 165
종교 갈등 … 63, 65~66, 101~102
종족 갈등 … 63, 65, 85
『죽은 사람』 … 89
중앙아프리카 경제 공동체 … 20
지중해 연합 … 21
『지하실의 방추』 … 89
〈진실의 순간〉 … 140

■ ㅊ ■

차드 … 16~17, 41, 63, 66, 94
천연자원 … 28~29, 36, 42, 47, 52
최열 … 98

■ ㅋ ■

카메룬 … 16~17, 63, 66, 94, 105, 112, 196
카요데, 롤라 … 140
카치나 … 45, 67, 104, 107
칸 국제 영화제 … 157
캐니우드 영화 … 73, 115
케냐 … 16~17, 19~20, 24, 32, 34~35, 112~113
케이프 베르데 … 16
케이프 아굴하스 … 16
켈라니, 툰데 … 159
코트디부아르 … 17, 22, 24, 66, 87, 89, 197
콩고 … 17, 41, 182
콰시오르코르 … 197~198
쿠데타 … 7, 45, 55, 57, 63~64, 76~78, 82, 84~85, 92~94, 97~100, 104, 107, 135, 179~180, 184, 194
쿠티, 펠라 … 113

〈크라이 프리덤〉 … 134

■ ㅌ ■

탄자니아 … 16~17, 19, 24, 35, 87, 112~113
〈탕자의 블루스〉 … 134
『태양은 노랗게 타오른다』 … 8, 171, 180
〈택시 운전사〉 … 134
테네코 … 53
테러리즘 … 25, 45
텔레비전 … 121, 133, 136~139
토파, 바쉬르 … 95
튀니지 … 16, 20~21, 24~25, 27, 37
트라우마 … 173~175, 178~179, 187~188, 191~194, 196, 198

■ ㅍ ■

파리 클럽 … 55, 57~58
포르투갈 … 63, 68~69
포스트 식민주의 … 123
〈폰 스왑〉 … 158~159
푸쿠나가, 캐리 … 162
풀라니족 … 17, 65, 67, 71, 80, 181
프랑스 영화 산업 … 121
프랑스 … 15~16, 20~21, 63, 69~70, 72, 87, 89, 121~122, 124~125, 134, 152, 189
〈피규린: 아라로미레〉 … 148, 157~159

■ ㅎ ■

하빌라, 헬론 … 113
하우사 문학 … 68
하우사어 … 17, 47, 73, 105, 112, 115
하우사족 … 17, 64~67, 71~73, 80, 101, 176, 178, 181, 187
〈할라〉 … 122
해럴드 윌슨 신드롬 … 198
행동 그룹(AG) … 80
혼도, 메드 … 122
『혼돈의 계절』 … 89
환율 하락 … 49, 57, 102
휴대폰 가입자 수 … 36
휴대폰 보급률 … 36
〈흑인 대통령의 죽음〉 … 134~135
『흑인 부두 노동자』 … 122
〈흑인 소녀〉 … 122

지은이 **변재길**

영산대학교 부교수.
부산외국어대학교(학사)를 졸업하고 계명대학교에서 영어영문학(석사, 박사)을 공부했으며, 영국 University of East Anglia에서 영화학으로 박사학위를 취득했다. 문학, 영화 및 국제개발학에 관심을 두고 연구하고 있다. 한국국제협력단(KOICA) 나이지리아 초중등시범학교단지 건립사업(2013-2019/1,500만 불)의 프로젝트 사업 관리자(PM)를 역임했다.
주요 저서로『문학, 사회, 영화: 영화 수용의 사회문화적 맥락』,『영상시대의 문화코드: 삶, 문학 그리고 영화』및『제임스 조이스, 모더니즘, 식민주의』가 있다.

아프리카의 거인 나이지리아
역사, 문화 그리고 놀리우드 시네마

초판 1쇄 발행일 2021년 8월 5일

변재길 지음

발 행 인 이성모
발 행 처 도서출판 동인 / 서울특별시 종로구 혜화로3길 5, 118호
등록번호 제1-1599호
대표전화 (02) 765-7145 / FAX (02) 765-7165
홈페이지 www.donginbook.co.kr
이 메 일 dongin60@chol.com
I S B N 978-89-5506-844-3 (93940)
정 가 15,000원